Le making of de l'économie

Des mêmes auteurs

OUVRAGES DE PHILIPPE CHALMIN
Notamment :
Rapport Cyclope « Les marchés mondiaux » (annuel depuis 1986), Economica.
Le siècle de toutes les espérances, Belin, 2003.
Le poivre et l'or noir, Bourin éditeur, 2007.

OUVRAGES DE BENJAMIN DARD
Elections 2007. Les chiffres qui font débat, les réponses des candidats, avec Thomas Hugues, Michel Lafon, 2007.

OUVRAGES DE BERNARD MARIS
Notamment :
Lettre ouverte aux gourous de l'économie qui nous prennent pour des imbéciles, Albin Michel, 1999, Le Seuil, coll. « Point Economie », 2003.
Keynes ou l'économiste citoyen, Presses de Sciences Po, 1999.
Antimanuel d'économie. Les fourmis, vol. 1, Bréal, 2003.
Antimanuel d'économie. Les cigales, vol. 2, Bréal, 2006.
Antiquoi ? : antimanuel d'économie, Bréal, 2007.

Philippe Chalmin
Benjamin Dard   Bernard Maris

Le making of de l'économie

PERRIN
www.editions-perrin.fr

© Perrin, 2008
ISBN : 978-2-262-02538-0

Ce livre est le résultat de huit mois d'échanges électroniques acharnés entre les Jacob et Delafon de l'économie. Le premier, Bernard Maris, un anarcho-keynésien pour la suppression de l'ISF ; le deuxième, Philippe Chalmin, un libéral-non-cynique contre l'ouverture le dimanche – « parce que, quand même, travailler tout le temps, ça empêche de réfléchir ». Au centre, un arbitre-journaliste, Benjamin Dard, qui ne siffle jamais les tacles.

Deux économistes rarement d'accord. Hormis pour se retrouver sur i-télé chaque vendredi de la semaine afin de débattre de leur pitance quotidienne : l'info éco...

Sans jamais trahir l'adage de Kenneth Boulding, qui est à l'économiste ce que le serment d'Hippocrate est au médecin : « Un économiste est un expert qui saura parfaitement vous expliquer demain pourquoi ce qu'il a prévu hier ne s'est pas passé aujourd'hui. »

Ces textes ne sont pas la restitution écrite de l'émission, mais ce qui se passe *avant*, quand nos trois compères la préparent, choisissent leurs thèmes et croisent déjà le fer. Plongez dans les « cuisines de l'économie » avec eux...

A quoi sert l'euro ? A délocaliser...

Philippe CHALMIN : Avez-vous lu ce chiffre hallucinant ? L'empire du Milieu mérite son nom : le pays consomme 48 % du ciment mondial ! On savait déjà depuis l'an dernier que la moitié des grues en activité sur la planète étaient en Chine, mais là, ce n'est plus de la croissance, c'est de la boulimie !

Benjamin DARD : Justement, cela ressemble à une fuite en avant : je croyais que les autorités voulaient freiner leur croissance...

Bernard MARIS : Vous rigolez ! Ils ont d'autres chats à fouetter. La Chine doit construire d'ici à 2020 un nombre de logements équivalent au parc immobilier actuel des quinze pays européens les plus riches... dans dix ans, 1 habitant sur 2 vivra en ville... Cela fait du monde à loger ! Et puis il y a les JO de Pékin, l'Exposition universelle de Shanghai de 2010, des autoroutes à construire... Résultat, l'inflation chinoise est au plus haut depuis onze ans, autour de 8 %. C'est le paysan de base qui trinque. Je vais soumettre un nouveau titre à Peyrefitte : *Quand la Chine aura la gueule de bois* !

P. CHALMIN : En tous les cas, ce n'est pas pour cette semaine : il n'y a qu'à suivre les manœuvres du sidérurgiste chinois Baosteel autour du groupe minier Rio Tinto. C'est la première fois qu'un Chinois se lance dans une opération pareille. Le mineur australien BHP était prêt à mettre 114 milliards de dollars sur la table pour acheter Rio Tinto mais les Chinois ont renchéri : « On peut aller jusqu'à 200 milliards de dollars. » Il faut savoir que Baosteel n'est que le cinquième sidérurgiste mondial avec 28 millions de tonnes d'acier, loin derrière ArcelorMittal et ses 120 millions de tonnes. Mais en réalité, derrière, il y a tous les fonds souverains chinois...

B. MARIS : Les Chinois sont évidemment prêts à aligner du dollar ! C'est important pour le secteur minier, c'est colossal sur le plan géopolitique : si BHP prend le contrôle de Rio Tinto, ils mettent la main sur 38 % des réserves minières mondiales. Autant dire que les Chinois ne se laisseront jamais faire[1]...

---

1. Finalement, les Chinois ont acheté 9 % de Rio Tinto et, pour faire bonne mesure, 5 % de BHP...

B. Dard : Avez-vous entendu le cri d'alarme de Louis Gallois ? Il parle de délocaliser une partie de la production des Airbus en zone dollar à cause de l'euro trop fort[1].

P. Chalmin : Sur ce point, nous serons d'accord, Bernard et moi. Qu'est-ce qui est important ? C'est de fabriquer l'avion en France ou d'en fabriquer des morceaux à l'étranger ? Je ferai un parallèle avec l'Iphone, même s'il est un peu tordu : ce qui est important, c'est d'être à l'origine de l'Iphone, pas de le fabriquer !

B. Maris : Il ne faut pas se leurrer : une fois que la fabrication sera partie, c'est la conception qui s'en ira.
Airbus vient de racheter une usine de gros-porteurs : s'ils obtiennent le marché, ils feront fabriquer leurs gros-porteurs aux Etats-Unis et pas en France... c'est une bonne nouvelle non ? La main-d'œuvre américaine est moins chère que la main-d'œuvre française !

---

1. Chaque dévaluation de dix cents de la valeur du dollar entraîne une perte de marge (bénéficiaire) d'un milliard d'euros pour les grandes entreprises « du secteur en Europe, comme Airbus », selon Ake Svensson, le président de la Fédération européenne des industries de l'aéronautique, de l'espace et de la défense (ASD), le 3 juillet 2008.

P. Chalmin : La menace de Gallois n'a aucun sens car il a une partie de ses sous-traitants qui sont américains, tout comme Boeing a une partie de ses soustraitants sur le sol européen. Airbus, c'est un « machin » qui se fabrique à l'échelle mondiale. Mais on imagine mal des chaînes de montage à l'étranger.

B. Dard : C'est pourtant ce qu'il a répété à Christine Lagarde...

P. Chalmin : Il ne faut pas exagérer le problème lié pour l'essentiel à la question du dollar. Mais c'est un choc exogène, auquel nous ne pouvons rien.

B. Dard : Comment ça ? On ne peut pas agir sur la parité euro/dollar ?

P. Chalmin : Non. Il y a aujourd'hui deux étalons monétaires, le dollar et l'euro, le second l'emportant sur l'autre. Le drame, c'est que nous n'avons rien d'autre à nous mettre sous la dent. Le yuan, qui devrait être la troisième monnaie mondiale, est un quasi-dollar, et il n'est pour l'instant pas convertible.

B. Dard : Vous n'allez quand même pas me faire croire qu'on doit rester l'arme au pied. D'ailleurs, après avoir reçu Louis Gallois, Christine Lagarde a dit qu'elle étudierait tous les instruments financiers à sa portée. Elle est soutenue en cela par son homologue allemand qui se plaint *aussi* d'un euro trop fort. C'est quoi, ces fameux « instruments » ?

P. CHALMIN : La ministre n'a rigoureusement aucune option.
L'euro trop fort provient surtout d'un dollar trop faible. Comme les perspectives économiques américaines ne sont pas fameuses et que la zone euro tire moins mal son épingle du jeu, les investisseurs privilégient l'Europe. Par ailleurs, le différentiel du taux d'intérêt entre les Etats-Unis et l'Europe joue contre le dollar : Ben Bernanke, le patron de la Banque centrale américaine baisse ses taux d'intérêt alors que Jean-Claude Trichet maintient des taux élevés et vient de les augmenter. Il est plus intéressant pour un investisseur de placer son argent en euro plutôt qu'en dollar ; résultat, le dollar plonge.

B. DARD : Si Trichet baissait les taux, cela pourrait-il entraîner une baisse de la parité euro/dollar ?

B. MARIS : Mais évidemment qu'il y a quelque chose à faire ! Il faut commencer par f... Trichet dehors, puis baisser les taux d'intérêt, afin de faire baisser l'euro.
Les Américains émettent des dollars à tire-larigot, nous n'avons qu'à faire la même chose. Nous

commerçons dans une zone fermée : 85 % des échanges européens se font à l'intérieur de l'Europe. Quand Pierre Mauroy a fait son plan de rigueur en 1983, 35 % de notre commerce extérieur était réalisé avec l'Allemagne ; du coup, des Français sont partis acheter leur voiture en Allemagne. Mais là que risque-t-on ? Bien sûr, il y aura quelques sorties mais nous gagnerons aussi des parts de marché.

La position de Trichet est indéfendable. Nous sommes ridicules : notre monnaie ne sert à rien, c'est une monnaie de réserve, exactement comme l'or que les banques stockent !

Ce n'était pas la peine de créer l'euro si c'était pour ne pas s'en servir.

Gaz :
les tiraillements de l'Etat actionnaire

Benjamin DARD : Autre illustration de « la puissance publique impuissante » : les prix du gaz. L'Etat, premier actionnaire de GDF, a choisi de les augmenter après de nombreux atermoiements [1]. Pourquoi devait-il le faire ?

Philippe CHALMIN : Tout simplement parce que les prix du gaz sont indexés sur les hydrocarbures, dont le coût a doublé en un an ! Mais là encore on n'y peut rien. L'Etat actionnaire est pris au piège : soit il accepte d'augmenter les tarifs et remplit ses caisses, soit il gèle les tarifs et se pénalise lui-même.

Bernard MARIS : L'Etat peut aussi faire des tarifs différenciés, ce que l'on appelle en économie du

---

1. Le prix du gaz a augmenté de 4 % au 1er janvier 2008, puis de 5,5 % au 1er mai 2008, une nouvelle hausse de 5 % a été décidée et sera applicable dès la mi-août 2008.

« monopole discriminant » – théorisé au XIXᵉ siècle par un certain Dupuit. Il ne faut jamais pratiquer les mêmes tarifs pour tout le monde. Plus les gens sont riches, plus il faut les faire payer et ceux qui ne peuvent pas payer sont exonérés. L'entreprise qui applique ce principe, c'est la SNCF, avec le succès que l'on sait : 1 milliard de bénéfices et des dividendes substantiels pour l'Etat.

B. Dard : C'est de moins en moins possible, depuis l'ouverture du marché de l'énergie à la concurrence le 1ᵉʳ juillet 2007.

B. Maris : Oui, même si on a voulu nous faire croire que l'Etat, avec 34 %, conservait une minorité de blocage dans le nouvel ensemble GDF-Suez ! Cette opération est une erreur grave : l'Etat se prive d'un levier essentiel sur le quotidien des gens et dans un secteur aussi stratégique que l'énergie. Entendons-nous, il ne s'agit pas de faire pleurer dans les chaumières, mais le budget énergétique pèse lourd pour les particuliers. Songez que la part des dépenses de combustible pour le chauffage dans le budget des ménages peut varier d'un facteur 1 à 16, selon le niveau de revenu et le lieu de résidence[1]. Or le gaz est la seule ressource

---

1. Agence pour le développement et la maîtrise de l'énergie, 3 avril 2008, « Le poids des dépenses énergétiques dans le budget des ménages en France », *Stratégies et études*.

énergétique dont la demande va croître entre 30 % et 50 % d'ici à 2030.

B. Dard : L'ouverture à la concurrence n'a, semble-t-il, pas vraiment changé la donne. On ne peut pas franchement parler d'un raz de marée vers les opérateurs alternatifs. D'après la CRE[1], seuls 128 000 foyers se fournissent désormais auprès d'un nouvel opérateur sur 11 millions[2] de particuliers.

P. Chalmin : Rien de surprenant : cette ouverture à la concurrence a été très mal assumée et très mal vendue côté français. On n'a pas vraiment encouragé les gens à prendre le risque en leur disant que s'ils choisissaient la concurrence, ils ne pourraient plus jamais retrouver les tarifs réglementés de GDF. Le maintien de ces tarifs tue le marché.

B. Maris : Cessons de parler du gaz comme s'il s'agissait d'un bien quelconque. Le gaz, c'est l'énergie, un bien de première nécessité. Et ce n'est donc pas un hasard si historiquement l'Etat a voulu mettre la main sur ce secteur. Avec GDF, c'est vrai, nous étions dans une situation de monopole naturel ; une situation qui

---

1. Commission de régulation de l'énergie.
2. CRE, Observatoire des marchés de l'électricité et du gaz, 1er trimestre 2008, 1er juin 2008.

de fait empêchait toute concurrence de s'exercer. Mais ne nous y trompons pas : le nouvel ensemble GDF-Suez va bénéficier d'une situation quasiment identique, seule différence, ce n'est plus un monopole public mais privé ! J'attends en tout cas les baisses de tarifs promises par la concurrence. A regarder chez nos voisins, ce n'est pas gagné. Les prix n'ont cessé d'augmenter depuis 2003 au Royaume-Uni et on prévoit un bond de 40 %[1] pour la saison 2008-2009.

P. Chalmin : Le résultat d'une concurrence qui n'est pas pure et parfaite, voilà tout ! Mais revenons à GDF ; le groupe parle de 950 millions d'euros de manque à gagner à cause du gel des tarifs qui a eu lieu pendant pendant dix-huit mois, entre la mi-2006 et la fin 2007. S'il y a gel, c'est l'Etat qui doit payer, et donc le contribuable. S'il n'y a pas gel, c'est le consommateur. En fait, c'est une lutte entre le contribuable et le consommateur... Sauf que quelqu'un doit bien payer et au prix du marché international car, cher Bernard, la grande différence entre le gaz et l'électricité, c'est que la France n'a plus de gaz.

B. Maris : Oh, la belle démonstration mais tronquée, selon moi. Certes, l'Etat remplit ses poches en autorisant des augmentations de tarifs successives,

---

1. *La Tribune*, 1er juillet 2008.

mais surtout il va demain remplir les poches d'actionnaires privés sur le dos des consommateurs vers un monopole privé. La belle affaire pour Suez qui privatise une rente avec l'aide de l'Etat.

B. DARD : Bernard a parlé d'un tarif pour les plus démunis. Une loi de décembre 2006 prévoit ce tarif, mais dix-huit mois plus tard les décrets ne sont toujours pas sortis.

B. MARIS : Le gouvernement a eu beau jeu de proposer un « tarif social du gaz[1] », mais c'est une vaste farce : cela va concerner les personnes qui vivent en dessous du seuil de pauvreté, c'est-à-dire concrètement des gens qui de toute façon ne payent plus leur énergie. Dans les départements, les FSL, les fonds sociaux logement, interviennent de plus en plus auprès des personnes qui n'ont plus les moyens de se payer leur énergie.

---

1. Ce tarif doit bénéficier à 750 000 foyers au moins. Il prendra la forme d'un remboursement d'une partie de leur facture.

Sarko-VRP pour l'entreprise France en mal d'exportation

Benjamin DARD : Messieurs les futurs Nobels de l'économie, à vos copies : « De l'utilité des méga-contrats pour colmater notre déficit commercial ». Vous avez dix minutes.

Philippe CHALMIN : *Libé* m'a fait me tordre de rire en titrant sur la visite de Kadhafi « le petit Abdallah campe à Moulinsart ». Ce n'était vraiment pas indispensable de donner une suite aux *Bijoux de la Castafiore*.

B. DARD : A propos de canard, Philippe, vous n'y allez pas avec le dos de la cuillère dans *Le Parisien*. Vous dites à propos de la visite de Kadhafi : « On n'a jamais vu autant de cynisme... Sarkozy qui joue les VRP à l'étranger c'est profitable ou pas à notre économie » et vous ajoutez même : « On s'apprête à vendre des Rafales et une centrale nucléaire à un type qui est un danger public. »

P. CHALMIN : J'ai été piégé par la journaliste... Je n'avais pas compris qu'elle m'interviewait. Cela dit, elle n'a pas trahi mes propos. Tout cela est ridicule ! On nous parle de 35 milliards d'euros de contrats – répartis sur les voyages en Chine, en Algérie, au Maroc –, c'est le montant de notre déficit commercial à la fin octobre. Mais ça ne changera rien.

B. DARD : Pourquoi ?

P. CHALMIN : Parce qu'il ne s'agit que de méga-contrats... En France on a la culture des grandes entreprises : le CAC et rien d'autre.
Deux mille entreprises françaises de plus de 500 salariés exportent ; en Allemagne elles sont 5 000 ! Ne cherchez pas ailleurs la cause persistante de notre déficit commercial... L'excédent commercial de l'Allemagne vient d'atteindre son plus haut niveau mensuel depuis 1950 : 17,2 milliards d'euros[1]. Notre déficit commercial est de 3,6 milliards !
La méthode Sarkozy est-elle la bonne ? Le président est prêt à vendre son âme, mais est-ce vraiment le problème ? Cela va-t-il changer la face du commerce

---

[1]. Novembre 2007.

extérieur français ? Je ne le crois pas. Nous manquons de ce que les Allemands appellent le « Mittelstand », des bonnes grosses PME, souvent familiales et très présentes à l'étranger.

Bernard MARIS : Je suis d'accord. En plus, avec des pays comme la Libye, il ne s'agit que d'un transfert de rente. Mais le problème n'est pas là : pour s'enrichir, il ne faut pas commercer avec des pauvres, mais avec des pays qui ont une forte valeur ajoutée.

B. DARD : La Libye, c'est quand même 240 milliards d'euros de réserves de change !

B. MARIS : Oui, ils n'ont que du cash. Ce sont des rentiers, sans produits, brevets ou technologies à vendre en échange. Bien sûr, c'est toujours bon à prendre : nous pouvons ainsi écouler notre camelote. Mais un transfert de rente ne suffit pas à enrichir un pays.

B. DARD : Un Sarkozy-VRP ne remédiera donc en rien aux affres de notre commerce extérieur... Mais comment expliquer que nos voisins allemands affichent pour 2007 200 milliards d'euros d'excédent, quand nous nous enfonçons dans un déficit de 40 milliards d'euros – du jamais-vu dans les annales de l'économie française[1]... Autre chiffre alarmant : depuis 2002, alors que les échanges avec la Chine progressent de 20 % par an, la part de la France dans les exportations européennes vers ce pays s'est stabilisée à 12 %, tandis que la part de l'Allemagne passait de 36 % en 1999 à 42,8 % en 2008[2].

B. Maris : Cette comparaison systématique avec l'Allemagne commence à me lasser. Certes, je ne prétendrai pas qu'un déficit commercial est un signe de bonne santé économique, mais enfin, les Etats-Unis, eux, ont un déficit de 650 milliards de dollars sur la même période[3] et personne ne semble s'en inquiéter.

Et demandons-nous combien coûte cet excédent allemand : la consommation est atone – pas de risque d'importations – les salaires sont en berne.
Maintenant, monsieur du Télémaque,
Vantez-nous bien votre petite Ithaque,
Où vos Crétois, tristement vertueux,
Pauvres d'effets et riches d'abstinence,
Manquent de tout pour avoir l'abondance.

---

1. En 2005, le déficit s'élève à 23 milliards d'euros, en 2006 à 29 milliards.
2. Source : douanes.
3. Et 698 milliards de dollars de déficit en 2006.

P. Chalmin : Oncle Bernard, Voltaire ! C'est qu'il a des lettres l'animal !

B. Maris : Fais le malin... En attendant, je donne peu cher du compromis allemand. En Allemagne, la demande ne bouge plus depuis dix ans alors qu'elle a augmenté de 17 % en France. Comme le pouvoir d'achat a dégringolé, les Allemands peuvent se prévaloir d'avoir un excédent commercial. Mais à quel prix ? Ils font tout fabriquer en Europe de l'Est et vendent en Chine. L'argent reste à l'extérieur. Ils sont les dindons de la farce ; à quoi cela sert, un excédent record, si les Allemands eux-mêmes n'en profitent pas ?

B. Dard : Ça n'est que ça, leur recette ?

B. Maris : Non, bien sûr. Nous, nous n'avons pas de PME qui exportent, notre politique favorise le travail peu qualifié : il ne faut pas aller chercher ailleurs.

B. Dard : Pourquoi n'avons-nous pas d'entreprises compétitives de moyenne taille ?

B. Maris : C'est l'histoire de la politique économique de la France, tournée depuis toujours vers les agriculteurs et les artisans. Avec ça, tu ne fais pas des entreprises de haute valeur ajoutée.

Les hommes politiques vont caresser le dos des vaches puis ils disent : « Ah ! Si chaque artisan créait un emploi, il y a aurait 3 millions d'emplois supplémentaires. » Même Chirac nous a endormis avec cette politique de la modestie. Maintenant, à part les pôles de compétitivité lancés par Villepin qui ne fonctionnent pas trop mal, la politique économique de la France tourne à vide. Les racines du mal ne sont pas à chercher ailleurs.

P. C‍HALMIN : Dans ce cas, parlons aussi des secteurs très porteurs qu'on est en train de tuer. Les déclarations de la Haute Autorité sur les OGM, qui a émis de sérieux doutes sur le maïs transgénique Monsanto 810, pourraient conduire à une suspension voire à une interdiction de sa culture en France. Cette décision risque de tuer toute la compétitivité française dans le domaine de la biotechnologie : c'est une catastrophe, le triomphe de l'obscurantisme !

B. M‍ARIS : Monsanto, c'est la compétitivité française peut-être ?

P. C‍HALMIN : Je ne parle pas du Monsanto 810, je parle du signal : l'interdiction des OGM signe la fin de toute recherche indépendante française – publique ou privée –, notamment dans le domaine très important des OGM de deuxième génération. Tout ça pour faire plaisir à tes amis...

B. Maris : Il y a juste un principe : celui de précaution[1], qui est éminemment politique. Pour une fois, on se sert d'un principe politique : je dis « bravo » !

P. Chalmin : Ce principe va à l'encontre même de l'innovation... Et ensuite, on s'étonne de notre absence sur les marchés porteurs. D'ailleurs, la commission Attali a proposé de supprimer le principe de précaution !

B. Maris : Ce n'est ni sa première, ni sa seule bêtise. Regardez plutôt ce qui vient de se passer à la conférence de Bali : l'Australie vient de signer le protocole de Kyoto, et je trouve cela formidable.

B. Dard : En quoi est-ce un événement économique ?

B. Maris : Sur le plan économique, cela signifie que l'Australie va devoir faire des efforts de réduction des GES[2].

Les Etats-Unis sont en train de proposer la libéralisation du commerce international de tout ce qui touche à l'écologie. Ils ont défini une liste de quarante produits – panneaux solaires, pales d'éolienne – qui pourront circuler librement. Ils avancent petit à petit.

---

1. Principe inscrit désormais dans la Constitution.
2. Gaz à effet de serre.

Les Anglais et les Français ont pris la décision commune de taxer systématiquement les pays qui ne respecteraient pas le protocole de Kyoto. Tout se jouera désormais là : on libéralise, à condition que vous respectiez le jeu. En 2006, 100 milliards de dollars ont été investis dans le monde dans les énergies renouvelables, essentiellement dans l'éolien... Avec un pétrole qui tutoie les sommets, investir dans ce type d'énergie commence à devenir rentable !

Ajoutons-y une seconde bonne nouvelle : Total doit régler 192 millions d'euros de réparations pour le naufrage de l'*Erika* et ses conséquences. Le préjudice environnemental est enfin reconnu en France. Certes, l'Etat et les associations réclamaient 1 milliard, mais c'est quand même pas mal. J'ajoute que c'est une défaite de la mondialisation : l'*Erika*, c'était un tanker domicilié au Panama, qui battait pavillon libérien avec un capitaine indien et des marins turcs. Désormais, ces gens-là ne pourront plus faire n'importe quoi.

P. CHALMIN : La plus condamnable, c'est l'agence de notation de navires, le Rina italien. Elle était censée garantir le bon état du bateau et n'a pas fait son travail, comme l'agence de notation financière Standards and Poors dans la crise des subprimes.

B. MARIS : Bravo, ça me rappelle le discours d'Enron après le naufrage du *Prestige* sur les côtes américaines :

« Ce n'est pas nous, c'est l'agence de notation. » Dans le cas de l'*Erika*, on parle enfin de coresponsabilité !

P. Chalmin : Total responsable mais pas coupable. J'attends de savoir ce que va devenir l'argent. L'ineffable Bougrain-Dubourg va se ramasser 800 000 euros pour sa Ligue de protection des oiseaux. J'aurais aimé que cet argent aille réellement aux collectivités locales et non à l'autre agité du bocage...

Plutôt que de regarder de ce côté-là du monde vous seriez bien inspirés de regarder ce qui se passe du côté des Bourses de Shanghai et Bombay. La Bourse chinoise a pris 100 % dans l'année, la Bourse indienne est passée de 12 000 à 20 000 sur l'indice du marché de Bombay. Il y a une sorte d'exubérance irrationnelle sur ces marchés qui est dangereuse. Il en est des bulles spéculatives comme des bulles de savon : elles sont condamnées à éclater un jour, mais on ne sait jamais ni le jour ni l'heure.

La crise des liquidités :
les banques boivent, les ménages trinquent

Benjamin DARD : Revenons sur la mobilisation générale chez les Banques centrales. Comment qualifier autrement que d'« action commando » ou de « tir groupé » l'intervention musclée des grands argentiers de la planète[1] ? La Banque centrale européenne, la Banque d'Angleterre, la Banque nationale suisse, la Banque centrale canadienne et enfin la Réserve fédérale américaine se sont coordonnées pour injecter des liquidités dans un système bancaire au bord de l'asphyxie. Trois cents milliards de dollars, rien que ça ! Du jamais-vu depuis 2001. A l'origine de cette situation, la crise des subprimes, ces désormais fameux prêts immobiliers à risque sur le marché américain. Pourquoi cette crise a-t-elle obligé les Banques centrales à intervenir ?

---

1. 12 décembre 2007.

Bernard MARIS : A la base, les subprimes sont des prêts immobiliers consentis à des emprunteurs que l'on sait peu solvables. Comme il y a un risque qu'ils ne remboursent pas, on leur prête à un taux d'intérêt très élevé – au-delà de 15 % – histoire de compenser. Le problème, c'est que les prix de l'immobilier dégringolent tandis que les taux d'intérêt continuent de grimper. Les emprunteurs ne peuvent plus faire face.

Là où l'histoire se corse, c'est que plusieurs acteurs ont voulu spéculer sur ces prêts immobiliers douteux, et les ont découpés : certains les ont placés sur le marché des actions, d'autres sur le marché obligataire ou sur le marché des changes. Un saucissonnage en règle ! On ne sait plus qui a quoi, qui a prêté à qui. C'est la sphère financière qui tue l'économie réelle par ses folies, sa gabegie, son insouciance, sa cupidité et son immoralité.

Philippe CHALMIN : Je dirai une dizaine de chapelet pour toutes les fautes des adorateurs du temple !

B. MARIS : Où trouver de l'argent pour éponger ces 200, voire 400 ou 2 000 milliards de dollars de crédits pourris ? On ne sait pas. Et comment faire pour que cet argent soit réinjecté dans l'économie ? Cette histoire est un scandale !

B. Dard : Jean-Marc Sylvestre[1] faisait remarquer ce matin que les Banques centrales étaient piégées, prises en étau entre l'ombre de la récession et l'inflation qui pointe son nez...

B. Maris : Je reconnais qu'il disait quelque chose d'intelligent !

D'un côté, les tensions sur les matières premières liées à l'explosion chinoise, avec des menaces d'inflation réelle, pas monétaires, interdisent de baisser les taux, car cela découragerait les placements et encouragerait la consommation, l'allume-feu idéal pour l'inflation.

De l'autre côté, le risque de la baisse des taux d'intérêt est celui de la trappe à liquidités. Comme on ne veut plus que du crédit de qualité – des actions claires ou de la dette d'Etat, mais surtout pas de titrisation – le peu de liquidités qui est injecté dans l'économie risque d'être mis sous les draps, thésaurisé. Ce qui se produit alors, c'est la fuite de la liquidité.

Les as de la finance ont tellement joué avec la titrisation, en mélangeant les bons et les mauvais crédits, qu'ils ne savent plus où ils en sont. Désormais, ils veulent s'assurer du crédit, et le meilleur moyen c'est de ne pas prêter aux banques, car on ne sait pas ce qu'elles ont dans les caisses.

---

1. Jean-Marc Sylvestre, chroniqueur économique sur France Inter et LCI.

B. Dard : Les banques ne savent pas elles-mêmes ce qu'elles ont dans leurs comptes ?

B. Maris : C'est bien là le fond du problème ! Elles sont en train de nettoyer, à la paille de fer. Elles vérifient où en sont leurs bilans. Mais comme tout a été saucissonné et revendu, elles ne savent pas ce qui est bon et ce qui est mauvais. C'est la raison pour laquelle les pays du G7 ont appelé à la transparence [1] et que les P-DG, en ce moment, valsent : Stanley O'Neal de Merrill Lynch, Charles Prince de Citigroup, James Cayne de la Bear Stearns ont tous été poussés à la porte, c'est un jeu de massacre.

B. Dard : Pour faire dans l'info « concernante » comme on nous dit chez nous : est-ce que cela peut toucher l'épargnant de base et de quelle façon ?

P. Chalmin : L'épargnant de base n'a rien à craindre sauf s'il a confondu placements financiers et miroir aux alouettes, en oubliant que toute promesse de rendement supérieur à la moyenne suppose un

---

1. Déclaration des ministres des Finances et des gouverneurs des Banques centrales des pays du G7, le 11 avril 2008 : « Les entreprises doivent communiquer entièrement et rapidement les risques auxquels elles sont exposées, leurs dépréciations et leurs estimations de la juste valeur de leurs instruments complexes non liquides. »

risque. Et le risque se paie, comme il paie aussi parfois.

B. Maris : Ils vont trinquer un maximum !... Pour éponger les crédits pourris, les banquiers vont devoir utiliser l'argent des épargnants. A la limite, ils pourraient être obligés de lever des impôts, comme cela avait été le cas lors de la crise des banques d'épargne dans les années 1968-1970 aux Etats-Unis. Il va falloir sortir les mouchoirs. Observez le resserrement des conditions de crédit : voilà la conséquence !

B. Dard : Nous voilà en 1929, quelques jours avant le Jeudi noir...

B. Maris : Si le crédit avait implosé – si les gens refusaient de prêter –, la situation serait vraiment grave. On y a échappé grâce à l'injection massive de liquidités. Mais il faut que ça tourne ; les industriels vont être obligés de revenir sur leurs investissements, de réduire la voilure, de débaucher et de diminuer leurs commandes. Regarde ce qui s'est passé en Angleterre : les Anglais faisaient la queue devant les établissements de Northern Rock pour se faire rembourser. C'est une image qu'on n'avait pas vue depuis quatre-vingts ans, à part en Argentine, évidemment. En plus, les banques ont un taux de garantie énorme :

s'il y a un vent de panique, elles ferment les guichets et c'est fini, tu ne peux plus rien faire.

B. Dard : Tu commences à m'inquiéter.

B. Maris : Si tu as du cash, tu as intérêt à le transformer en or vite fait. J'ai croisé ce matin un copain, qui m'a dit : « J'ai du liquide. » Je lui ai répondu : « Achète de l'or ! ou bien un tableau, mais pas d'immobilier, ce n'est pas le moment. » D'où ce nouveau théorème, qui fera date : « Quand il y a crise de liquidités, les banques boivent, les ménages trinquent. »

Il ne faut pas non plus paniquer. Il y a du bon dans l'économie mondiale. La crise de 1929 était une crise de surproduction, sur laquelle s'était greffée une crise financière. Ce n'est pas le cas aujourd'hui, et les pays émergents sauvent la mise... mais pour combien de temps ?

La croissance, un problème de thermomètre ?

Benjamin DARD : Messieurs les décrypteurs, à vous d'élucider cette annonce insolite : deux Nobels plutôt classés à gauche, Stiglitz[1] et Sen[2], ont été appelés à la rescousse pour réfléchir à une nouvelle façon de mesurer la croissance. L'explication du chef de l'Etat laisse perplexe : le nouvel indice devra mieux prendre en compte la perception des Français qui « n'en peuvent plus de l'écart grandissant entre des statistiques qui affichent un progrès continu et des difficultés croissantes qu'ils éprouvent dans leur vie quotidienne[3] ». C'est un gadget ou une vraie question économique ?

---

1. Joseph Stiglitz, économiste américain, prix Nobel d'économie en 2001 pour ses travaux sur l'économie de l'information.
2. Amartya Sen, économiste indien, prix Nobel d'économie en 1998 pour son travail sur l'économie du bien-être.
3. Nicolas Sarkozy, le 8 janvier 2008.

Bernard MARIS : Je suis ravi de parler de Joseph Stiglitz et d'Amartya Sen. On va enfin pouvoir dire que le PIB, c'est du « pipeau ». Si on pouvait promouvoir l'indicateur de développement humain (IDH), ce serait formidable.

B. DARD : En même temps, l'IDH existe depuis belle lurette : Amartya Sen l'a formalisé dans les années 1970. Pourquoi la notion n'a-t-elle pas connu un plus grand succès ?

B. MARIS : Effectivement, le concept demeure sous-utilisé ! Petit retour en arrière : le produit intérieur brut (PIB) existe depuis la Seconde Guerre mondiale en France. Il mesure l'accroissement du gâteau, la masse des salaires et des profits. C'est donc un indicateur du bonheur quantitatif ou matériel, ce que les gens reçoivent en salaires et en profits pour une année donnée.

B. DARD : Maximiser le PIB ne signifie donc pas forcément maximiser le bien-être des gens...

B. MARIS : Exactement. Le PIB présente un autre problème : il ne mesure pas les stocks – l'enrichissement par l'immobilier ou par la Bourse par exemple – et il ne rend pas compte de leur dégradation

— atteintes à l'environnement, épuisement des ressources naturelles. Enfin, il ne mesure pas les indices de qualité de la vie, ce que propose en revanche l'indice de développement humain défendu par Amartya Sen devant l'Onu. Celui-ci tient compte de l'enseignement, du nombre de policiers par habitant, de l'espérance de vie, etc. Pour faire du qualitatif, il faut donc se tourner vers les deux économistes en question. Amartya Sen, c'est un peu la Mère Teresa de l'économie, il plaide pour le BNB, le bien-être national brut ! Quant à Stiglitz, grand critique de la mondialisation, il a claqué la porte de la Banque mondiale en 1999.

Philippe CHALMIN : Il brûle surtout ce qu'il a adoré ! Mais je suis plutôt d'accord avec Maris. Le PIB est un thermomètre, et c'est comme si on voulait mesurer l'ensemble du climat avec ce thermomètre, sans tenir compte de la force du vent, de l'hygrométrie et de tout un ensemble de données. Le seul atout du PIB, c'est d'être une norme standardisée au niveau mondial, qui permet de faire des comparaisons..

B. DARD : Un nouvel indicateur ne servira donc à rien ?

P. CHALMIN : On gadgétise. Je suis choqué que le président nous sorte de sa poche un Américain et un

Indien. Une fois de plus, on passe pour des sous-développés. Mais il est vrai que nous n'avons pas de récent prix Nobel d'économie...

B. Maris : Attention, c'est le membre du Conseil d'analyse économique qui parle ! M. Chalmin est vexé qu'on n'ait pas pensé à lui pour cette mission... Espèce de « rentier », comme dirait Attali.

P. Chalmin : Oui, monsieur ! Je rappelle que nous avons sorti à la Documentation française un excellent ouvrage sur le pouvoir d'achat, écrit notamment par Robert Rochefort et qui pose exactement cette question : *Comment fait-on pour mesurer le bonheur*[1] ?

B. Maris : Gadget ou pas, cette réflexion sur ce qu'est la croissance et comment on la mesure permettra peut-être d'échapper à la navrante séance d'autosatisfaction à laquelle s'est livré le gouvernement. C'est l'extase quand on passe de 1,9 à 2,1 de taux de croissance ! Sonnez hautbois, résonnez trompettes, et tous au garde-à-vous : la ministre de l'Economie jubile, le Premier ministre exulte, les drapeaux sont sortis aux fenêtres, alors qu'on ne sait pas ce que cela recouvre, ce qu'intègre ce 0,2, arraché aux calculettes

---

1. *Mesurer le pouvoir d'achat*. Philippe Moati, Robert Rochefort, Conseil d'analyse économique, 31 janvier 2008.

de l'Insee. Et comme l'Insee révise chaque année ses chiffres, c'est peut-être une erreur.

P. CHALMIN : La réévaluation des chiffres explique quand même les 320 000 nouveaux emplois que l'on s'expliquait mal... il y a du rationnel sous ses chiffres !

B. MARIS : Certes, mais au fond qu'est-ce que cela change ? Qui en profite ? Ce mini-satisfecit est pathétique : on est en train de construire tout un imaginaire social autour d'un chiffre, une obsession, une injonction. Pas un homme politique qui ne jure pas par le dieu Croissance, le Moloch PIB !
Ce qui est terrible, c'est qu'on ne parle pas du contenu de la croissance. Mais qu'y a-t-il derrière la croissance ? Du plaisir, des palmiers, du chèvrefeuille, des panneaux solaires, des rimes et des chansons ou bien des embouteillages, du stress, du labeur, des larmes et de la sueur ? J'attends donc avec impatience le nouveau thermomètre : ce sera enfin l'occasion de revisiter les sources de la croissance et, du coup, nos modes de vie.

P. CHALMIN : Mais Bernard, comment donner une mesure quantitative à un concept qualitatif et subjectif comme le bonheur ? En économie non plus, il n'y a pas de martingale.

La flex-sécurité au secours du marché du travail ?

Benjamin DARD : On n'y coupera pas : cette semaine, 7 organisations syndicales sur 8[1] ont choisi après quatre mois de négociation de parapher l'accord sur la modernisation du marché du travail[2], ce qui est une prouesse...

Philippe CHALMIN : C'est surtout la preuve que les relations syndicats/patronat sont enfin entrées dans l'âge adulte... En cas d'échec, on aurait eu droit à cette éternelle image : les irréductibles Gaulois au fond de leur petit village résistent à la force des légions romaines et de César !

---

1. Seule la CGT a refusé de signer le texte : la centrale de Bernard Thibault le jugeant « déséquilibré ».
2. Il s'agit d'un compromis entre les syndicats d'employeurs qui ont gagné plus de souplesse pour gérer leurs embauches et les syndicats de salariés qui ont obtenu plus de sécurité pour les employés dans leur parcours professionnel... Le texte a été adopté par le Parlement en juin 2008.

Pendant trop longtemps, on s'est satisfait d'avoir d'un côté les syndicats dans leur coin, les patrons de l'autre, avec au centre l'Etat, trop content de reprendre la main et d'imposer ses choix. Souvenez-vous de l'épisode malheureux des 35 heures où Martine Aubry avait imposé son texte. Nous sommes dans une nouvelle logique : les Gaulois sont enfin devenus raisonnables. C'est aussi la preuve que la méthode Sarko genre « conclave social », « fixons des deadlines », est un succès.

Bernard MARIS : Ne nous emballons pas ! Puisque tu es dans l'Antiquité, rendons à César ce qui est à César. La tentative de modernisation du dialogue social, on la doit à Chirac. C'est quand même lui qui a introduit[1] l'obligation de consulter les syndicats sur les sujets sociaux avant tout passage par la loi.

P. CHALMIN : Oncle Bernard qui rend hommage à la droite, on aura tout vu ! En tout cas, c'est un signal

---

1. Loi du 31 janvier 2007 sur la modernisation du dialogue social. Ce texte stipule que tout projet gouvernemental impliquant des réformes dans les domaines des relations du travail, de l'emploi ou de la formation professionnelle doit d'abord comporter une phase de concertation avec les partenaires sociaux (organisations syndicales de salariés et d'employeurs interprofessionnelles reconnues représentatives au niveau national) dans le but de permettre l'ouverture d'une négociation.

très positif pour le relooking du modèle hexagonal... Français, encore un effort, et nous arriverons peut-être à un modèle de cogestion à l'allemande !

B. Maris : En attendant, je ne suis pas certain que cet accord réjouisse Sarkozy. Les syndicats ouvriers comme le Medef ont quand même dit *niet* au contrat de travail unique, pourtant au cœur du programme présidentiel ! Ils se sont ainsi rendus indépendants par rapport aux injonctions du gouvernement. C'est parfait.

B. Dard : Sur le fond, en quoi les nouveaux dispositifs comme l'allongement de la période d'essai, le licenciement à l'amiable, le CDD à objet défini – cette nouvelle flexibilité – vont-ils changer quoi que ce soit à la situation sur marché du travail ? Cela peut-il avoir un impact sur le chômage, comme l'assure Laurence Parisot ?

P. Chalmin : Ce n'est pas un accord fondamental ou révolutionnaire. Deux avancées de taille quand même : d'abord, la période d'essai est allongée, ensuite on reconnaît et organise la rupture conventionnelle ou à l'amiable : jusqu'ici, se séparer entre employeurs et salariés, c'était une gymnastique compliquée ; désormais, ce sera plus fluide. On va éviter le contentieux et les mauvaises chicanes, un bon point pour les relations sociales au sein des boîtes. L'innovation, c'est le CDD à objet défini, pour une mission précise, qui sera très utile pour certains secteurs d'activité.

B. Dard : Lesquels ? Alors que la France ne compte pas moins de 35 contrats de travail, en quoi ce nouveau contrat de travail – d'une durée comprise entre dix-huit et trente-six mois, non renouvelable – était-il nécessaire ?

P. Chalmin : La panoplie des CDD ne permettait pas une telle souplesse. C'est un contrat parfait pour les cadres. Imaginez une société de conseil : elle signe un contrat de consultance pour deux ans, qui ne sera peut-être pas renouvelé. Elle prend un risque en embauchant quelqu'un en CDI. Avec ce contrat, elle gagnera en fluidité.

B. Maris : Ça va toucher qui ? Les informaticiens, les ingénieurs, les consultants au sens large, donc pas grand monde au final. Jusque-là, les boulots intérimaires ou intermittents étaient réservés à des travailleurs peu qualifiés ; ils sont arrivés à élargir le concept d'intérimaire ou d'intermittent à des gens très qualifiés. C'est ça qui est inquiétant.

B. Dard : Mais en quoi cette flex-sécurité est-elle nécessaire en France ? Est-ce que le fait de protéger les salariés se paye par des points de chômage en plus ?

P. Chalmin : Tout ce qui va dans le sens d'une plus grande flexibilité est nécessaire. On met fin à l'un de ces petits obstacles qui font que le patron se demande « j'y vais ou j'y vais pas ? ».

B. Maris : Chalmin l'idéologue est en marche ! C'est la fameuse thèse libérale de l'emploi victime du coût du travail et des droits sociaux ! Désolé, mais même la très respectable OCDE – peu suspecte de gauchisme – a admis qu'aucune étude, empirique ou théorique, ne confirmait cette thèse. L'impact sera en tout cas marginal sur le marché du travail. Puisque l'on fait dans l'idéologie, voici du Keynes dans le texte : la seule solution à l'emploi, c'est la croissance.

C'est quand même très ironique : on fait marche arrière avec cette histoire de rupture conventionnelle validée par la direction départementale du travail. Chirac avait instauré l'autorité administrative de licenciement quand il était Premier ministre, puis l'avait supprimée en 1986 ; voilà qu'on nous flanque la validation par la direction départementale du travail, autant dire un licenciement très encadré.

P. Chalmin : C'est en effet une régression, qui redonne du pouvoir à l'inspection du travail à un moment où il faudrait lui en enlever. Heureusement, la validation est considérée comme acquise au bout de cinq jours en l'absence de réaction de l'administration.

B. Maris : La vraie avancée, c'est la portabilité des droits. Lorsque vous tombez au chômage vous gardez les droits à la mutuelle, à la formation, etc. A une époque où les coûts de la santé augmentent de façon considérable, le droit à conserver sa mutuelle est essentiel.

Etats-Unis :
la guerre de récession aura-t-elle lieu ?

Benjamin DARD : « *Recession or not recession*[1], *that is the question* » aux Etats-Unis. Les signes du ralentissement américain se confirment : dégringolade de l'indice ISM[2], du marché de l'emploi, mais l'économie américaine résiste pour l'instant, avec 0,6 % au premier trimestre au lieu d'un zéro pointé. Preuve qu'elles ont pris la situation au sérieux, les autorités américaines sortent un plan d'urgence de plusieurs milliards de dollars. Petit bachotage entre amis : pourquoi la crise des subprimes a-t-elle un tel impact sur l'économie réelle américaine ? Le modèle américain serait-il à bout de souffle ?

---

1. La récession *stricto sensu* est constatée lorsque la croissance économique mesurée par le PIB diminue deux trimestres consécutifs.
2. Un indice qui mesure l'activité des services aux Etats-Unis. Les services sont à l'origine de 80 % de la richesse du pays. On est passé en un mois de 54 à 42.

Bernard MARIS : Qui dit crise des subprimes dit crise des crédits : de mauvais crédits ont été donnés à des *hedge funds*[1] qui les ont peints en bleu ou en vert avant de les refiler à des banques qui n'y ont vu que du feu, et qui se sont finalement retrouvées avec des crédits pourris. Résultat, Merrill Lynch parle de 10 milliards de dollars de pertes au dernier trimestre. Et son patron[2] part avec un chèque de 160 millions de dollars. Le problème, c'est que tout le crédit s'en trouve affecté : c'est comme une pomme gâtée qui fait pourrir le reste des fruits. Tout le monde se méfie de tout le monde, plus personne ne veut prêter à personne. Les conditions de crédit se resserrent, l'investissement est moindre, la consommation chute dans un pays où elle joue un rôle moteur, la production industrielle baisse. Cercle vicieux.

B. DARD : Nous sommes face à un coup de *blues* économique ou bien à un essoufflement plus structurel du modèle américain ?

---

1. Les *hedge funds* se sont développés dans les années 1990. Ce sont des fonds d'investissement qui recherchent des rentabilités très élevées. Particularité : ils utilisent l'effet de levier, c'est-à-dire la capacité à lever des fonds très importants pour investir.
2. Stanley O'Neal « débarqué » de Merrill Lynch en octobre 2007 devait toucher, selon la presse, au moins 159 millions de dollars en quittant son poste, dont 30 millions en indemnités de retraite et 129 millions en stock-options.

B. Maris : C'est à mon sens une crise du modèle américain. Aux Etats-Unis, le moteur de la croissance, c'est l'automobile. Ce secteur va très mal : à Detroit, on annonce une baisse de 20 % de la production automobile et le logement, qui allait très bien, dégringole.

En vingt ans, on a complètement changé de modèle. On est passé d'un modèle de production et d'innovation, souvent tiré par un investissement public de recherche, à un modèle de consommation : on laisse les autres produire, on achète ce qu'ils produisent, on emprunte, on s'endette, on délocalise et on importe des produits avec le développement d'entreprises comme Wal-Mart.

N'oublions pas que les Etats-Unis sont à l'origine de la dernière grande innovation mondiale, du dernier grand cycle d'expansion, l'informatique. Aujourd'hui, le pays est en panne d'imagination en termes d'innovation et doit subir les innovations des autres. C'est en ce sens qu'il y a crise de l'économie. Ils sont passés d'une économie de la production à une économie de la demande.

Philippe Chalmin : Pas de panique. C'est une simple crise conjoncturelle, une crise immobilière transformée en crise financière et en crise de crédit qui bloque la machine américaine. En un an, les mises en chantier ont baissé de moitié, soit un million de logements évanouis. C'est déjà extraordinaire qu'après un tel coup d'accordéon, la croissance résiste. C'est bien la preuve que vous enterrez trop vite le modèle américain : les Etats-Unis continuent d'être le lieu où se fait la création dans le monde. Regardez encore récemment : Microsoft, à peine trente ans au compteur, veut mettre la main sur Yahoo fondée en 1994, pour concurrencer Google, fondée en 1998 : c'est pas de l'innovation ça ? !

B. Maris : Non, ce n'est pas de l'innovation. Une innovation, c'est une intelligence nouvelle qui révolutionne le marché, comme l'informatique, les microprocesseurs.

B. Dard : Face à cette activité en berne, l'administration américaine propose un plan de relance budgétaire de 150 milliards de dollars[1]. A noter : un certain consensus politique sur le sujet puisque démocrates et républicains ont voté ce programme. A quelle condition cette relance keynésienne peut-elle être efficace ?

B. Maris : Attention, la relance keynésienne, ce n'est pas de l'injection de la dépense publique, mais une dépense publique qui se substituerait à une dépense

---

1. Cela représente un remboursement d'impôt entre 600 et 1 200 dollars pour un couple.

privée défaillante. Or ce n'est pas le cas. Il s'agit d'une baisse des impôts, ce qui n'est pas bon, puisque cela va créer de l'épargne.

P. CHALMIN : Non, car ce n'est pas une baisse mais un crédit d'impôt, autrement dit des chèques que les ménages vont sans doute dépenser. Au moins, c'est efficace à court terme.

B. MARIS : Et puis après ? Rebelote. Le risque est que, en l'absence de coordination des politiques au niveau européen et américain, on revive ce qui s'est passé en 1985 : les Européens avaient joué de leur côté et les Américains avaient supporté tout seuls la crise, ce qui avait fait s'écrouler la Bourse. Donc il faut vraiment une coordination.

B. DARD : Est-ce que c'est possible ?

B. MARIS : Bien sûr que c'est possible. Dominique Strauss-Kahn a raison quand il dit : « On ne viendra pas à bout de cette crise avec les seuls instruments de la politique monétaire[1] », mais il faut envisager une relance à l'échelle mondiale, c'est quand même une première pour un patron du FMI !

---

1. Janvier 2008.

ÉTATS-UNIS : LA GUERRE DE RÉCESSION AURA-T-ELLE LIEU ?

P. Chalmin : Maintenant, à chaque fois qu'il y a une crise dans le monde, on se dit : « Ça y est, c'est 1929. » Même Attali tombe dans le piège[1] ! En 1929, il n'y avait plus d'argent dans le monde. Aujourd'hui les masses de liquidités sont considérables et leurs détenteurs, qu'il s'agisse des Chinois ou des monarchies pétrolières ont intérêt à réinjecter cet argent.

B. Dard : Le salut passe par les pays émergents ?

B. Maris : Ne rêvez pas : vous croyez que les Américains vont laisser racheter Merrill Lynch par un fonds souverain chinois ?

P. Chalmin : C'est pourtant exactement ce qui se passe : quand Wall Street a perdu 100 milliards de dollars, les fonds souverains ont réinjecté au même moment près de 60 milliards de dollars.
Heureusement, ces turbulences n'affectent pas les Français. La preuve par le seul indicateur qui en ce moment me donne le moral : 1,98, soit notre taux de fécondité, le plus élevé d'Europe ! Cocorico, nous sommes des lapins ! Cela prouve que les Français sont optimistes pour l'avenir !

---

1. *Journal du dimanche* : Jacques Attali parle d'une crise comparable à celle de 1929.

B. Maris : Pardon, frère Philippe. Les Italiens sont à 1,3, l'Espagne à 1,5 ; l'optimisme a déserté ces anciens pays catholiques. Autre accroc aux valeurs chrétiennes : en 2007, on a passé pour la première fois la barre des 50 % d'enfants nés hors mariage. Ils n'étaient que 10 % il y a encore trente ans. Tout fout le camp...

B. Dard : On ne tire pas sur une ambulance, mais preuve que les Français ne voient pas l'avenir qu'en rose layette : le moral des Français, à − 43 en juin [1] est beaucoup plus bas qu'en décembre 2005, alors qu'à l'époque, ils avaient de bonnes raisons d'avoir le moral dans les chaussettes !

---

1. Insee, 29 janvier 2008, soit la douzième baisse consécutive de cet indice qui a atteint son plus bas niveau depuis sa création, en 1987.

Kerviel : le trader qui était amoureux de sa position

Benjamin DARD : Messieurs les feuilletonistes de l'histoire économique, vous n'allez pas commenter tous les épisodes de l'affaire Kerviel[1], mais le dernier chapitre en date : un rapport interne de la Société générale[2] met en cause les « défaillances de la hiérarchie dans la supervision des activités de ce trader ». La banque reconnaît ses responsabilités internes : « La fraude a été facilitée ou sa détection retardée par les faiblesses de la supervision du trader et du dispositif de contrôle des activités de marché. » Autre

---

1. Jérôme Kerviel est ce trader de la Société générale soupçonné de falsifications qui ont fait perdre 4,9 milliards d'euros à la banque. Il a été mis en examen pour « faux et usage de faux », « introduction dans un système de données informatiques » et « abus de confiance ». Une affaire révélée le 24 janvier 2008 par la banque elle-même.
2. Rapport interne de l'inspection générale de la banque publié sur le site Internet de la Société générale, 23 mai 2008.

passage accablant : le supérieur de Jérôme Kerviel « a fait preuve d'une tolérance inappropriée à la prise de positions » non autorisées de ce dernier sur les marchés. Enfin, son supérieur « manquait d'expérience du trading et n'a pas été suffisamment encadré dans ses nouvelles fonctions ».

Bernard MARIS : C'est stupéfiant, en effet. Ou accablant, comme vous voulez. Que faisait ce jeune homme ? Il vendait et il achetait sur les marchés dérivés de l'évolution du CAC 40 : il y a des gens qui parient sur la hausse du CAC, d'autres parient à la baisse. Et lui pariait plutôt à la hausse, tout seul dans son coin ! En quoi l'économie réelle est-elle concernée par ce type d'évolution ? Ce ne sont que des produits spéculatifs !

Philippe CHALMIN : On ne va pas arrêter la circulation aérienne parce que vous avez eu un accident d'avion. Pourquoi condamner tout un système ?

B. MARIS : C'est un monde tellement déconnecté du réel, tellement virtuel, avec une grande présence de l'informatique. Souvenez-vous en 1987 : les ordinateurs vendaient tout seuls et avaient accéléré les krachs. Evidemment il y a un back-office et cinq séries de contrôles mais Jérôme Kerviel était quelqu'un qui vivait dans un monde à part, comme Nick

Leeson[1]. Il voulait se refaire, comme le joueur de Dostoïevski : il perdait, il se refaisait. Il vivait dans « Second Life » le monde virtuel par excellence et tellement emblématique de notre époque. Il a quand même engagé 50 milliards d'euros de positions – la valeur de la Société générale – ce qui a provoqué la perte de 5 milliards d'euros. Certes, la Société générale n'a pas eu de chance ; elle aurait débloqué ses positions sur un marché haussier, les pertes n'auraient pas été aussi fortes. On est donc plus dans les jeux vidéo que dans les dysfonctionnements bancaires.

P. CHALMIN : Ce qui vient d'arriver, c'est une histoire classique de trader fou. Il y a eu Nick Leeson de la Baring en 1995. Il y a eu aussi Yasuo Hamanaka, qui a reconnu avoir dissimulé 2,6 milliards de dollars de pertes et qui a fait plonger son entreprise de négoce japonaise Sumitomo Corp : pendant plusieurs années il avait tenu le marché du cuivre. A chaque fois, il s'agit d'histoires similaires. C'est ce que j'appelle le syndrome du « trader fou ». Ce qui est nouveau, c'est sa jeunesse. Ce gamin aurait pu être mon étudiant il y a cinq ou six ans.

---

1. Le trader qui a fait plonger la Barings en 1995. Il avait fait perdre près d'un milliard d'euros à cette banque.

B. Maris : Voilà qui nous rassure ! Ça y est, on a trouvé le nid ! C'est Dauphine, la fac de Philippe ! Plus sérieusement, ce sont tous les endroits où exercent des zozos qui roulent à 160 quand la vitesse est limitée à 130, parce qu'ils savent qu'ils sont des cadors, qu'il n'y aura pas de flic et où sont placés les radars. En plus, l'excès de vitesse est récompensé : un trader peut toucher en bonus de 10 à 30 fois son salaire en un an. Voilà le portrait de notre trader soi-disant « fou »…

P. Chalmin : Jérôme Kerviel, c'est un homme qui, à un moment donné, tombe amoureux de sa position – le drame du trader. Tout au début de ma carrière, j'avais demandé à un trader – à l'époque, on disait « négociant » : « Au fond, de quoi avez-vous besoin ? » Il m'avait répondu très sérieusement : « J'ai besoin d'un crayon et au bout de ce crayon, il doit y avoir une gomme, parce que je dois être capable en permanence d'effacer ce que je viens d'écrire, je dois être capable en fonction du marché de changer de vision. La leçon c'est que le marché a toujours raison. » Le drame c'est quand un type tombe tellement amoureux de sa position qu'il la planque dans un tiroir en se disant « j'aurai raison ». Souvenez-vous de Leeson : en 1995, il parie sur la hausse des marchés boursiers asiatiques. Manque de chance : le tremblement de terre de Kōbe, le 17 janvier 1995, entraîne une brusque chute des marchés. Mais Leeson ne lâche rien : il parie encore sur un rebond des marchés. Il augmente encore ses mises, alors que le marché continue de baisser. Plus il baisse, plus il doit emprunter et plus il baisse, plus il croit en un rebond final. Malheureusement, le Nikkei continue de baisser et les pertes s'élèvent à 827 millions de livres sterling, deux fois le capital de la banque. La Barings, un des joyaux de la finance britannique, créée en 1762, fait faillite avec fracas le 26 février 1995. Elle sera revendue pour une livre symbolique au groupe néerlandais ING. Tomber amoureux de sa position, c'est penser qu'on a raison contre le marché. Il était comme un joueur de casino, convaincu d'avoir trouvé la martingale ! Visiblement en tout cas, Kerviel, lui, n'a pas cherché à s'enrichir, il a fait ça pour la beauté du sport.

B. MARIS : Je ne sais pas si les actionnaires avaient vu le côté glamour de l'histoire... Parce que pour l'instant, cette histoire d'amour leur a coûté leur PEA !

P. CHALMIN : J'ajoute une différence de taille entre Nick Leeson et Jérôme Kerviel : le premier a cherché à s'enfuir dès l'affaire révélée alors que le second s'est présenté à la police. Le rapport interne de la Société générale n'a quant à lui pas identifié « d'indice de détournement » de la part du trader.

B. Dard : Le calendrier est quand même déroutant... Lundi, la Générale débloque une partie importante des positions de son trader. A votre avis ce déblocage – on parle d'une cinquantaine de milliards – peut-il avoir contribué à faire chuter les marchés ? La presse américaine – notamment au *Wall Street Journal* – pense même que cela aurait précipité la baisse des taux de la Fed.

P. Chalmin : Ils n'avaient plus le choix. Quand Bouton découvre les positions de son trader, il porte un secret hyper lourd, une information qu'il partage avec Michel Prada, de l'AMF[1] et Christian Noyer, de la Banque de France. Il est urgent de se débarrasser de ces positions, car si l'info fuit, elle risque d'alimenter les rumeurs, au moment même où la Société générale est soupçonnée d'avoir perdu beaucoup d'argent dans la crise des subprimes. Et la malchance s'en mêle : cela arrive au pire moment pour la Société générale, celui du minikrach sur les Bourses mondiales.

B. Maris : La faute à la malchance ? Vous voulez rigoler ! C'est de l'incompétence, voilà tout... Il faut savoir qui sont les gens que forme M. Chalmin : ils ne savent même pas ce qu'ils ont dans leurs comptes.

---

1. Autorité des marchés financiers.

Comme le disait Alain Minc, ce sont 100 000 analphabètes qui font les marchés...

En plus de l'incompétence, il y a un défaut de contrôle institutionnel. La doctrine aujourd'hui, c'est : « contrôlez-vous vous-même ; vous êtes le seul à même d'apprécier vos crédits, vos encours, votre couverture ». Et l'autocontrôle, ça donne l'absence de contrôle.

P. Chalmin : En même temps, vu les montants échangés chaque jour sur les marchés dérivés de la planète – en un jour l'équivalent du PIB annuel mondial –, je suis plutôt surpris qu'il n'y ait pas davantage de scandales de ce type. On compte quand même 4 000 traders à la Société générale, tout comme à la BNP Paribas. Toute cette masse d'échanges permet au marché d'avoir la liquidité nécessaire.

B. Maris : Arrêtons cette tartufferie : quelle liquidité ? C'est surtout pour réaliser des plus-values astronomiques sans aucun lien avec l'économie réelle. Il faut arrêter avec ce jeu virtuel qui fait prendre des risques à des gens qui n'ont rien à voir avec ces histoires. Téléphonez aux employés et aux clients dont la banque a perdu la moitié de sa valeur en un an, et demandez-leur ce qu'ils en pensent.

P. Chalmin : Qui faisait gagner de l'argent à la Générale ? Le trader ou bien le guichetier qui enregistre les opérations des clients ? C'est le risque qui rémunère, c'est tout ! On est dans cette histoire face à un défaut de fabrication : imaginez un constructeur de voitures qui constate un défaut de fabrication, il est obligé de rapatrier les modèles : pour lui c'est une catastrophe.

B. Maris : Je ne crois pas à cette thèse du défaut de fabrication. De plus en plus d'avions circulent et pourtant de moins en moins d'accidents se produisent. En tout cas, ceux qui font grise mine, ce sont les salariés actionnaires, ils représentent 8 % des salariés, l'un des taux les plus élevés des entreprises du CAC 40. Maintenant ils n'ont plus que leurs yeux pour pleurer. Je l'ai toujours dit : c'est bien d'avoir des actions tant que ça tient, le mieux, c'est le salaire.

Rapport Attali :
Attila pour la France rentière...

Benjamin DARD : Tant de patience enfin récompensée : après six mois de débats, la commission Attali a remis son rapport[1]. L'ancien sherpa de Mitterrand a un sens certain de la mise en scène, n'hésitant pas à comparer son exercice à celui de Turgot, citant même la lettre que le contrôleur général écrivit au roi Louis XVI le soir de sa nomination : « Je ne demande point à Votre Majesté d'adopter mes principes sans les avoir examinés mais, quand elle en aura reconnu la justice et la nécessité, je la supplie d'en maintenir l'exécution avec fermeté, sans se laisser effrayer par des clameurs qu'il est impossible d'éviter ». Trois cent seize propositions à prendre ou à laisser. Pas question que l'exécutif picore ici ou là et fasse son marché. Un mot d'ordre : « La France reste une société de

---
1. 23 janvier 2008.

connivence et de privilèges [...où] la rente est triomphante ». Etes-vous d'accord avec le diagnostic d'une France rentière ?

Bernard MARIS : Pour une fois que l'on ne tape pas sur ces rentiers de fonctionnaires, ce n'est pas si mal. La rente des taxis était déjà évoquée voilà cinquante ans dans le rapport Rueff-Armand, cela ressemble à du recyclage. Il a découvert l'eau chaude, ce brave Attali ! Voici ce que l'on pouvait lire dans le rapport remis au Premier ministre Michel Debré : « Lever les barrières réglementaires qui, des notaires aux vétérinaires en passant par les experts-comptables ou les taxis, pourraient faire émerger un million d'emplois. » Cinquante ans ont passé et les corporatismes sont restés. Le rapport Attali propose de toucher aux pharmaciens, aux notaires et huissiers, aux coiffeurs qui pourraient s'établir avec un simple CAP, aux hôtels, aux stations-service, aux cinémas qui pourraient être créés sans restriction. Laissez passer, laissez entreprendre, laissez respirer ! Supprimez toutes les barrières, les âges de départ à la retraite, les contraintes d'installation commerciale, les lois Raffarin et Galland censées protéger le petit commerce et qui n'ont rien protégé du tout.

En ce qui concerne le coût du travail, le rapport propose de baisser les cotisations employeurs et salariés, d'augmenter la CSG et la TVA. Pour 1 euro de salaire versé, le coût du travail est de 1,8 euro en France contre 1,25 au Royaume-Uni. Cela dit, le Royaume-Uni n'est pas un bon exemple : les gens y sont mal soignés et mal couverts en cas de chômage. Bien entendu, on supprime la durée légale du travail. « Les Français doivent savoir que l'avenir de l'emploi n'est plus dans la fonction publique, et que celui des entreprises n'est plus dans les subventions. » On a compris qu'Attali voulait lutter contre les rentes mais on a le sentiment qu'il redécouvre le libéralisme alors que celui-ci s'effondre sous nos yeux sur le plan financier. Cette foi dans l'autorégulation du marché est un peu surprenante. Certes, quelques propositions sont iconoclastes, mais très libérales au fond, comme l'ouverture à l'immigration.

Philippe CHALMIN : Je suis d'accord avec toi, Bernard, de nombreuses mesures sont convenues et sonnent comme des redites : fiscalisation du financement de la protection sociale, réduction du coût du travail, ouverture des professions réglementées. Mais si cela figurait à l'époque du rapport Rueff, c'est bien la preuve que le problème reste entier, que son diagnostic d'une France rentière est juste et surtout – c'est mon refrain préféré – que notre pays n'a pas su entreprendre les réformes nécessaires. Si vos amis trouvent la potion trop libérale, je pense au contraire que le rapport ne s'affranchit pas assez de l'Etat colbertiste.

Cela dit, des 316 mesures, j'achète presque tout, à condition que cela ne reste pas des vœux pieux.

B. Dard : En quoi concrètement cela permet-il de trouver le point de croissance en plus, de ramener le chômage à 5 %, de créer 100 000 entreprises en banlieue, de réduire la dette à 55 %[1], objectifs que fixe ce rapport ?

P. Chalmin : Tout ça, c'est du pipeau. Ce que cherche Attali c'est un choc et une prise de conscience ; c'est ce qui s'est passé aux Pays-Bas ou en Suède lorsqu'ils ont remis à plat le fonctionnement de l'Etat providence. Il est illusoire de favoriser une mesure plutôt qu'une autre, mais la suppression des départements me semble être une mesure plus que salutaire.

B. Dard : Mais en quoi cela va-t-il débloquer les « freins à la croissance » dont parle Attali ?

P. Chalmin : Vous avez vu ce que ça coûte ? Etes-vous déjà allé vous promener dans une capitale régionale, avec d'un côté l'hôtel de région et en face l'hôtel de département avec des fonctionnaires qui doublonnent, voire qui « triplonnent » ? Savez-vous que

---

1. Si toutes les mesures sont mises en œuvre, à l'horizon 2012, selon le rapport Attali.

la décentralisation[1] a été synonyme de davantage de fonctionnaires alors que, dans le même temps, l'Etat – avec moins de missions – continuait sur le même train ? Réduire la dépense publique, ça va dans le bon sens.

B. MARIS : Moi, j'ai plutôt l'impression d'entendre les nouveaux économistes dans les années 1960, les *Chicago boys*. Tout cela est daté, voire ringard. Je suis d'accord pour qu'il y ait plus de taxis, plus de notaires pourquoi pas ?, mais ce n'est pas ça, la croissance d'un pays. La croissance d'un pays ce sont les brevets, la technique, l'investissement et le travail.

P. CHALMIN : Oui, mais la recette a marché ailleurs. Sache que toutes les mesures dont tu parles figurent dans le rapport.

B. MARIS : Il n'y a que l'histoire des taxis qui me plaise dans le rapport. Cela permettrait d'avoir 60 000 taxis à Paris au lieu des 16 000 actuels – tous stationnés à Roissy – soit un pour 360 Parisiens. En Irlande, après la libéralisation du marché, il y a 1 taxi pour 72 habitants (et le prix de la course est évidemment moins onéreux). Imaginez, à Paris, vous levez la main et hop ! une nuée de taxis autour de vous.

---

1. Rapport Pébereau.

Pourquoi cette mesure est-elle centrale dans le dispositif ? Parce que c'est un signe. Si elle passe, le rapport passera. Sinon, on en reparlera dans cinquante ans quand un autre Attali s'avisera du problème. On sait ce qu'il en est advenu : en dix jours et à la seule menace d'une grève des taxis, le gouvernement et le président de la République ont remisé leur réforme au placard... Parce que pour le reste – les écopolis par exemple – c'est du délire. Qu'il aille y vivre, Attali, dans ces écopolis, qu'il quitte Neuilly et qu'il aille y habiter, avec les architectes.

P. CHALMIN : C'est le côté planificateur de l'ancienne France qu'il a repris. Ce n'est pas ce qui m'excite le plus.

B. MARIS : Tu préfères peut-être le chapitre sur la grande distribution ? Franchement non merci. Ce que l'on veut, c'est « wal-martiser » la France. Copier les Etats-Unis en faisant pression sur les prix à la baisse, parce qu'ils ne fabriquent plus les produits mais les font venir de l'étranger. Belle solution !

P. CHALMIN : Sur la grande distribution, il y a de bonnes choses dans ce rapport. En Allemagne, le hard discount représente 25 % de parts de marché alors que chez nous, il atteint à peine 13 %. On a de la marge, un boulevard pour des produits à moindre coût. Sinon, personne n'en parle mais la réduction des délais de paiement à trente jours, c'est fondamental car ce sont ces délais qui financent la grande distribution.

B. Maris : J'ai été heureux en tout cas d'entendre le mot de « corporatisme » dans la bouche de Sylvestre ce matin sur Inter. Un mot toujours accolé à ceux de « fonctionnaires », « Etat », « service public »... voilà enfin que le corporatisme peut être de droite !

Enfin, le rapport propose une mesure détestable : « Apprendre l'économie dès le primaire. » Ça laisse rêveur... Je pense qu'il vaut mieux que les enfants apprennent à lire, compter, chanter, à réciter quelques poésies. Tout cela vaut mieux que les formater à la croissance. Pauvres gamins !

Il faut sauver la Générale !

Benjamin DARD : Depuis l'affaire Kerviel, la banque de Daniel Bouton semble l'objet de toutes les convoitises : on ne compte plus les établissements sur les rangs pour croquer la Générale. En même temps, le gouvernement a prévenu : il faut que la Société générale reste française. Pourquoi ?

Philippe CHALMIN : Parce que le gibier est affaibli. En dix mois, le cours de l'action est passé de 150 à 64 euros et s'est maintenu à ce niveau. Autant dire que les actionnaires ne sont pas franchement à la fête. Si le cours ne remonte pas, la Société générale est une proie tentante. Les autres banques, qui savent que leur destin, c'est de manger ou d'être mangées jouent leur survie. Comme les banques européennes restent petites à l'échelle mondiale, elles se disent que c'est le moment de flinguer, que c'est une belle proie car elle occupe une place importante dans la banque de détail. La BNP Paribas a déjà lâché quelques cartouches en 1999 sur la Générale, en vain. Le Crédit agricole s'est déjà payé le Lyonnais et ne se dit pas indifférent au sort de la Socgen, mais les subprimes lui sont restées sur l'estomac[1]. Quant aux Européens : HSBC, Royal Bank of Scotland, les Espagnols qui se sont déjà fait la main en dépeçant le néerlandais ABN-Amro, peuvent être tentés.

B. DARD : La Société Générale est-elle vraiment condamnée à être mangée ? Elle ne peut pas s'en sortir seule ?

Bernard MARIS : On ne voit pas trop comment elle peut échapper à un raid : elle est quand même très fragilisée.

P. CHALMIN : Il y a une légitimité à ce qu'elle reste indépendante, je pense qu'elle est viable. La Société peut survivre même avec 5 milliards d'euros de pertes. Ce n'est pas colossal par rapport aux fonds propres de l'entreprise. Et puis je n'ai jamais aimé le gigantisme. ABN-Amro a explosé en plein vol : je ne vois pas quel intérêt il y aurait à ce que BNP Paribas ou le Crédit agricole prenne la main sur la Socgen. Pour le paysage bancaire français, pour la création de richesse que représente ce genre d'activité, on ne peut

---

1. Le Crédit agricole a dû déprécier 1,2 milliard d'euros dans son bilan à cause des pertes liées aux subprimes.

laisser filer la Société générale : c'est une banque qui a une taille mondiale dans certaines activités, notamment les produits dérivés, et il est important, aussi bien en termes d'emplois, de formation de jeunes financiers que de prestige pour la place financière qu'est Paris, que l'on garde un centre de décision en France.

B. Maris : Comme Jérôme Kerviel par exemple ! La belle affaire !

B. Dard : Je ne suis pas sûr de comprendre vos arguments sur la Générale. Pourquoi devrait-elle rester française ? Si BNP Paribas met la main sur cette banque c'est la casse sociale assurée. Il suffit de vous balader dans n'importe quelle ville, une agence BNP fait face à une agence Société générale. Les deux banques ont le même réseau de 2 200 agences. Ce sont autant de structures qui vont doublonner. Une fusion signifierait un carnage pour l'activité de détail. C'est pour cela qu'un rachat par une banque étrangère, espagnole ou allemande, serait presque préférable.

P. Chalmin : Bien sûr, c'est le même argument que celui des syndicats. Mais vous perdez un centre de décision français, un quartier général. Regardez ce qui est advenu du CCF racheté par HSBC l'anglais. Plus rien ! La Générale, dans tous les cas, paie les conséquences de sa stratégie : aucun noyau dur. Songez que 77 % des actions sont dans le domaine public !

B. Dard : Dont acte. Mais une fois qu'on a dit cela, on n'est pas vraiment avancé. Oui la Socgen, c'est 130 000 salariés, oui la Socgen paye des impôts à la France. Et alors ? Qu'est-ce que l'Etat peut vraiment faire ?

B. Maris : Rien. Sans compter la Commission européenne qui s'y opposerait immédiatement, le commissaire irlandais Mac Greevy étant très « touchy » sur le sujet. Certes, la commission de contrôle bancaire qui autorise les installations physiques, des agences de banque peut émettre un avis défavorable, mais cela ressemble plutôt à un combat d'arrière-garde, perdu d'avance.

P. Chalmin : Cette histoire ramène la France à ce qu'elle est : une puissance financière moyenne. La Générale n'est que la deuxième banque française et ne vaut que 40 milliards d'euros – ce que Microsoft s'est dit prêt à mettre sur la table pour racheter Yahoo !...

B. Dard : Pourquoi alors garder la Générale ?

P. Chalmin : C'est quand même une grande banque, c'est un fleuron de l'économie française, nous sommes dans un Etat encore assez colbertiste, tout de même.

B. Maris : Et alors ?

P. Chalmin : Mais en termes d'emplois et en termes d'influence dans le monde, ce n'est pas rien.

B. Maris : Je pense exactement le contraire : si garder la Générale, c'est garder une banque dont la moitié des profits se font sur le marché des dérivés de façon spéculative, ce n'est pas la peine. Qu'on laisse cela aux Anglais, qu'ils se plantent – comme avec la Northern Rock. Nous devons faire de la vraie banque : 95 % des gens qui entrent dans une banque ne viennent pas pour spéculer, ils viennent pour que leur argent soit bien placé, c'est tout.

P. Chalmin : Mais aucune banque aujourd'hui ne correspond plus à ce que tu décris. On nage en pleine nostalgie.

B. Dard : On en revient à poser cette question : à quoi sert une banque ?

B. Maris : Elle sert à assurer le financement des entreprises, à l'allocation optimale de l'argent.

B. Dard : Que le capital soit français, est-ce si important ?

P. Chalmin : En termes d'emplois, il est important que le centre de décision (les deux tours de la Générale) soit à la Défense plutôt qu'à New York.

B. Dard : Comment peut-on défendre le fait que la banque reste française et attaquer comme vous le faites en général le modèle colbertiste français ?

P. Chalmin : Je vis une contradiction intense ! Le gouvernement ne peut rien faire de façon officielle ; mais il peut tout à fait agir en coulisses, en toute discrétion. Il peut froncer les sourcils, comme cela se fait aux Etats-Unis : quand il y a un prédateur, on y regarde à deux fois. Souvenez-vous de l'attitude des Etats-Unis en 2005 face à un fonds d'Abu Dhabi qui souhaitait racheter cinq ports américains : *niet* immédiat. Quand il s'agit de leurs intérêts, les Etats-Unis sont le pays le moins libéral du monde. Pour l'économie néerlandaise en revanche, la fin d'ABN-Amro, c'est une sale histoire. Raison de plus pour défendre notre patrimoine, et la Générale, malgré la morgue de ses dirigeants, vaut bien ce combat.

B. Maris : Je ne suis pas pour le patriotisme économique. Je pose juste la question : à quoi sert une banque ? Je me fiche que ce soit un Russe ou un Chinois, je veux au moins qu'il me dise ce qu'il va faire de cette banque. Si c'est pour faire du crédit immobilier revolving comme font les banques anglaises je dis « non, ce n'est pas la peine ». Si c'est pour faire des marchés dérivés à 50 % comme le faisait la Générale, je dis encore « non ». Ensuite, je me fiche que ce soit un Bédouin... Enfin, peut-être pas : imagine que Kadhafi rafle la Société générale... Ça pourrait être le cas : les fonds souverains d'Abu Dhabi sont en embuscade.

B. Dard : En tout cas, nous sommes une fois de plus la risée de l'Europe avec notre « patriotisme économique » ! Pour Jean-Claude Junker le président de l'Eurogroupe, cette façon d'agir n'est plus de notre temps [1].

---

[1]. « Je comprendrais tout à fait qu'on élimine du jeu tous ceux qui nourrissent à l'égard de la France et de la Société générale des sentiments hostiles. Mais si quelqu'un vient d'amical, ayant un beau projet économique à proposer, pourquoi le refuser ? Seulement parce qu'il n'est pas français ? Ce n'est plus de notre temps », a prévenu le président de l'Eurogroupe et Premier ministre luxembourgeois sur Europe 1 le 31 janvier 2008.

1929 dans toutes les têtes

Benjamin DARD : « Du bon usage de l'artillerie lourde en finance » : les autorités monétaires américaines ont sorti le grand jeu face à la crise des subprimes : baisse des taux d'intérêt continue – sept baisses consécutives depuis le mois de septembre[1] – ouverture de nouvelles lignes de crédit, baisse du taux d'escompte. La Fed n'a pas hésité à baisser deux fois consécutives ses taux en une semaine. On a aussi assisté au sauvetage de la cinquième banque américaine, la Bear Stearns. L'a-t-on échappé belle ?

Bernard MARIS : En février-mars, j'ai vraiment pensé qu'on courrait à la catastrophe. Je pressentais le krach boursier. Je donnais même ce conseil à mes proches : « Tous aux abris, achetez de l'or. » D'ailleurs, vous avez vu : l'or flambe... Il dépasse les

---

[1]. Le taux d'intérêt est passé de 4,75 % en septembre 2007 à 2 % en juin 2008, soit son plus bas niveau depuis novembre 2004.

1 000 euros l'once, c'est trois fois plus qu'il y a cinq ans. Ça fait quand même le gramme d'or à 20 euros. C'est vous dire si les spéculateurs jugent la crise grave : c'est la ruée sur l'or, l'ultime valeur refuge.

B. Dard : Est-ce que cela signifie qu'on a été proche d'un scénario type « 1929 » ?

B. Maris : C'est vrai que la situation a fait penser à 1929 parce que l'on a vu le système financier américain imploser sous nos yeux : la cinquième banque américaine a été rachetée pour 1 franc symbolique par son concurrent – ce sont les soldes à Wall Street[1] – et des centaines de milliards ont été injectés sans que le système semble réagir.

Je pense que ce sera plutôt un phénomène à la japonaise[2], qui se passera sur deux ans. La Bourse va perdre 60 % de sa valeur en continu, ce ne sera pas un krach violent. Ils ont beau mettre de l'argent, ça n'y change rien : c'est ça qui est hallucinant... Ce qui m'a vraiment fait peur, ce sont les 240 milliards qui ont été épongés en deux jours en décembre dernier. Là, ils remettent ça, avec à nouveau 200 milliards et

---

1. L'action Bear Stearns valait 170 dollars en février 2007, JP Morgan l'a rachetée au prix de 2 dollars.

2. Dans les années 1990, le Japon a connu une spirale déflationniste conjuguant crise boursière et ralentissement économique.

ça disparaît. On ne sait même plus, le trou doit être colossal. Le père Trichet n'y est pas allé avec le dos de la cuillère, mais où est passé l'argent ? Personne n'en parle, c'est la version moderne du tonneau des Danaïdes.

B. DARD : Philippe, ne croit-on pas rêver en voyant la Fed intervenir pour sauver *in extremis* la Bear Stearns, au royaume du libéralisme ?

Philippe CHALMIN : Les Américains ne sont jamais aussi libéraux que lorsqu'il s'agit d'éviter la crise de 1929. Toute l'histoire économique des Etats-Unis est hantée par cet épisode.
Rappelons qui est Ben Bernanke, le patron de la Banque centrale américaine. C'est un professeur d'économie, spécialiste de 1929 – il y a consacré sa thèse.
Même Alan Greenspan son prédécesseur s'inquiétait des effets du krach internet et des conséquences du 11 Septembre : il était convaincu que cela provoquerait une crise grave et durable. A l'époque, il avait d'ailleurs surréagi en menant une politique de taux d'intérêt très bas, de crédit facile et bon marché, ce qui a financé la bulle immobilière des années 2000.
Bernanke poursuit dans ce sens : il fait exactement le contraire de ce que les autorités avaient fait en 1929 : il desserre le crédit en baissant les taux, en

injectant des liquidités massives (sur 850 milliards de dollars d'actifs, il en a déjà balancé la moitié), et en diminuant les contraintes administratives des rehausseurs de crédit. Bref, les gros moyens.

Les Européens – plutôt les Allemands d'ailleurs – ont aussi leur obsession : la Bundesbank – et, désormais, la Banque centrale européenne – est traumatisée par l'hyperinflation de 1923.

Les Américains, eux, feront tout pour éviter un nouveau 1929. La Fed a entrepris en plein week-end le sauvetage de la Bear Stearns : elle a envoyé un message très fort : « un maillon va céder ; je le garantis mais je ne fais pas de cadeau ». L'action Bear Stearns, qui valait 160 dollars il y a un an, a été rachetée 2 dollars. Le risque est énorme, mais Ben Bernanke a sans doute évité un *remake* de 1929 avec la chute en cascade des banques à la suite d'une première faillite majeure.

B. MARIS : La situation est très grave. On a le sentiment de voir le capitalisme financier s'autodétruire sous nos yeux. C'est le cœur même de nos économies qui est touché. L'éclatement de la bulle internet n'était qu'un mauvais coup pour tous les gogos ou les naïfs qui, à coups de milliards, croyaient mettre la main sur des mines d'or en rachetant des portails internet. Ceux-là y ont été de leur poche ; tant pis pour les Vivendi et autres AOL Time Warner.

Là, il s'agit d'un système bancaire qui entraîne tout le monde dans sa chute. Avec un scénario de *credit crunch* : plus question pour les banques de faire de crédits parce qu'elles sont trop fragilisées et qu'elles ne peuvent plus prendre de risques. La Commission européenne a fait une enquête : Le coût du financement des grandes entreprises a augmenté de 2 %, alors qu'elles n'y sont pour rien.

Pour ne rien gâcher, on est en train de créer une trappe à liquidités : on aura beau mettre de l'argent dans l'économie mondiale, cela ne servira à rien. Je suis épaté par l'absence de réaction du côté de la BCE : en maintenant des taux trop élevés par rapport à la Fed, elle est en train de déséquilibrer l'euro par rapport au dollar. Une fois de plus, c'est la zone euro qui va payer les frais de l'impéritie américaine.

B. Dard : Mais pourquoi venir à la rescousse de ceux qui ont « fauté » ? A la base, il y a bien une « faute » ?

P. Chalmin : Lisez l'excellent papier de Jean-Hervé Lorenzi dans *Le Monde*[1], qui explique très bien l'origine de cette crise. Au début, les financiers ont cru à une idée plutôt séduisante : la mutualisation du

---

1. Président du Cercle des économistes, *Le Monde*, 21 mars 2008.

risque. Leur instrument fétiche, c'était la titrisation : la banque accorde un crédit à un ménage modeste, mais plutôt que de porter seule ce risque, elle le coupe en morceaux et le donne à plein d'autres gens. Le tour est joué : en cas de défaut de paiement ou de non-remboursement, c'est la communauté financière internationale qui assume. Sur le papier, c'était la meilleure façon d'éviter le risque systémique : un gros créancier se retrouve à plat parce que l'un de ses débiteurs fait faillite.

Sauf que, et c'est là que le joli conte de fées tourne à la comédie dramatique, la titrisation a eu tendance à déresponsabiliser les banques : conscientes qu'elles n'allaient pas garder le crédit qu'elles venaient d'accorder, elles ne se préoccupaient plus du tout de savoir si le ménage était en mesure de le rembourser ou non, et s'il était solvable ou pas.

Résultat : les intermédiaires financiers qui accordaient des crédits hypothécaires à tire-larigot se sont bien gardés de vérifier la solvabilité de leurs débiteurs. Leur unique obsession était de se dépêcher de faire la transaction et de la distribuer aux autres.

La titrisation des risques, portée aux nues par la finance internationale, était basée sur la pire des erreurs : ne plus responsabiliser celui qui accorde le crédit, au départ.

B. Dard : Si la faute est avérée, pourquoi ne pas laisser jouer l'autorégulation ? Pourquoi sauver ces banques ?

B. Maris : Parce qu'on n'a plus le choix aujourd'hui, à moins de prendre le risque d'une crise systémique. Bien sûr, on est tenté de se dire que les intermédiaires financiers qui ont exagéré doivent payer. Mais dans la réalité, c'est une autre histoire : c'est un peu comme si quelqu'un d'ivre tenait le volant et vous disait : « Donne-moi encore de l'alcool, sinon je fonce dans un platane. » Que faites-vous ? Vous lui donnez ce qu'il réclame. C'est exactement ce que l'on appelle « l'aléa moral » : vous prenez le risque d'assurer quelqu'un qui n'est pas sûr, et vous êtes ensuite obligé de continuer parce que sinon, c'est tout le système qui s'écroule.

Il y a évidemment une contrepartie à cela. Si je me porte toujours au secours de ceux qui font des erreurs, les fautes vont se multiplier. Il était donc important de marquer le coup symboliquement en laissant se produire quelques faillites retentissantes pour calmer les éventuels récidivistes. Ce sont là toutes les limites du marché qu'il faut sauver malgré lui.

Bien sûr, certains orthodoxes libéraux[1] vous expliqueront que l'action de l'Etat n'est pas nécessaire

---

1. Notamment les théoriciens des cycles d'affaires réels.

puisque le coût de son intervention est plus élevé que celui de sa non-intervention. D'où la proposition d'exiger de ces entreprises prêteuses de constituer des réserves suffisantes afin de faire face à un éventuel défaut de paiement. Une sorte d'autorégulation, qui ne peut fonctionner qu'avec un Etat totalement absent et non impliqué dans les affaires économiques.

P. CHALMIN : Cela dépasse le cas des subprimes et touche en fait le marché hypothécaire américain. Depuis 2006, il y a une crise immobilière aux Etats-Unis : tout le monde s'est endetté en contrepartie de l'augmentation du prix de l'immobilier. Or, celui-ci baisse. Il ne s'agit donc plus de 1 000 ou 1 500 milliards d'actifs de subprimes, mais de 20 000 milliards de dollars. C'est deux fois le PIB américain qui est en jeu ! A partir du moment où l'on atteint ce point, on n'est plus dans le bien ou le mal – je te récompense, je te punis : on pense d'abord à restaurer la confiance et à sauver le système financier. C'est la raison pour laquelle on chiffre la crise au niveau extravagant de 1 000 milliards de dollars[1].

---

1. On parle même d'un plan de sauvetage de 2 000 milliards de dollars c'est-à-dire le PIB français ! Un plan qui n'a pas été encore validé mais évoqué par le *chief economist* du FMI et professeur à Harvard, selon lui c'est la facture qui pourrait être payée : c'est dire à quel point la crise est prise au sérieux et quel montant ils sont prêts à injecter pour sauver le système.

B. Dard : C'est donc un capitalisme amoral qui a des incidences morales. La conclusion, c'est que les gains sont privés et que les pertes sont socialisées, ce que Larry Summers[1] résume d'une formule : « Pile je gagne, face tu perds » !

B. Maris : Mais c'est la grande règle du capitalisme, mon cher Benjamin : « privatisation des profits, collectivisation des pertes » !
Souvenez-vous de la crise des *savings and loans*[2] qui a coûté 150 milliards de dollars aux contribuables américains. Ce débat fait rage aux Etats-Unis et hors des frontières américaines. En Allemagne, le patron de la Deutschebank a réclamé un soutien public pour lutter contre la crise financière : « Pas question, c'est aux banques de trouver des solutions à leurs problèmes », lui a répondu le président de la Bundesbank.
Il y en a en tout cas pour qui ces « manœuvres monétaro-financières » ne sont pas du tout abstraites : 1,3 million de ménages américains ont perdu leur

---

1. Economiste américain, ancien président de l'université Harvard.
2. Les *savings and loans* sont les établissements financiers américains spécialisés dans la collecte de l'épargne et les prêts au logement. Leurs faillites en série pendant toutes les années 1980 ont donné lieu à un sauvetage par les pouvoirs publics dont le coût sans précédent (130 milliards de dollars) a longtemps pesé sur les finances publiques américaines.

logement en 2007 avec la crise des subprimes, ce qui signifie que 5 millions de personnes sont touchées.

P. CHALMIN : Il faut sauver les banques, mais pas à n'importe quel prix : il faudra serrer la vis.

C'est même un marronnier de l'actualité économique : on commence par s'émouvoir, on s'interroge ensuite – « Mais comment est-ce possible ? » – et on finit, aussi consensuel que Tartuffe, par se demander : « Comment faire en sorte que cela ne se reproduise pas ? »

Après la crise de 1929, la première chose que l'on a faite aux Etats-Unis a été de séparer les banques de dépôt[1] des banques d'affaires ou d'investissement[2]. On est revenu sur cette réglementation dans les années 1990. Pourquoi ? Les banquiers vous l'expliquent très simplement : quand ça marche, les bonus sont pour les banquiers d'affaires, quand ça ne marche pas, les pertes sont pour les banques de dépôt.

Il est indispensable de revenir sur cette réglementation pour éviter une contamination de l'ensemble du système financier. L'autre problème, c'est celui des marchés dérivés : les banques y ont des engagements importants, mais il ne s'y exerce aucun contrôle. Il

---

1. Celles qui font des prêts aux particuliers et aux PME.
2. Une réglementation votée en 1933 aux Etats-Unis sous le nom de Glass-Stegall Act.

faudrait un contrôle de la mondialisation financière, comme un pilote dans l'avion ! L'économie de marché, c'est tout sauf la loi de la jungle.

B. MARIS : Ah ça... J'applaudis M. Chalmin qui nous dit : « Il ne faut pas laisser faire le marché. » Smith doit se retourner dans sa tombe !

Cette crise a un mérite, elle vient de tuer dans l'œuf l'un des projets de Sarkozy : le crédit hypothécaire rechargeable. C'est ce fameux dispositif qui a provoqué la crise des subprimes aux Etats-Unis : à chaque fois que le prix de l'immobilier augmente, vous pouvez recharger votre crédit en demandant un nouveau crédit à hauteur de l'augmentation du prix.

Mais Mohamed Yunus[1] le dit : « Le système financier ne sait pas prêter aux pauvres[2]. » Au final, l'Américain est plus locataire auprès de sa banque qu'il n'est vraiment propriétaire : il n'a jamais commencé à amortir le principal. Résultat, il peut partir du jour au lendemain. Si tout le monde fait cela, c'est la catastrophe. Or c'est exactement ce qui se passe aujourd'hui avec des prix de l'immobilier qui dégringolent de 10 % par an et pourraient revenir au niveau où ils

---

1. Mohamed Yunus est un économiste bangladais qui a fondé la première institution de microcrédit, la Grameen Bank au Bangladesh. Il a reçu le prix Nobel de la paix en 2006.
2. *Le Monde 2*, 26 avril 2008.

étaient il y a dix ans. D'ailleurs, cette crise immobilière risque de toucher la Grande-Bretagne et l'Espagne, laquelle doit beaucoup à l'explosion immobilière (les mises en chantier ont baissé de 27 % en mars et on est à la veille d'une crise de grande ampleur dans la Péninsule).

Politique industrielle :
l'Etat doit-il « usiner » ?

Benjamin DARD : C'est une manie du président de la République que de montrer ses muscles : cette fois, c'est sur le terrain industriel, à Gandrange où il s'est rendu en début d'année. Face à l'annonce d'Arcelor-Mittal de fermer ce site, le président a déclaré : « L'Etat est prêt à prendre en charge tout ou partie des investissements nécessaires. [...] Avec ou sans Mittal[1] » pour maintenir l'activité. Mais Nicolas Sarkozy a visiblement fait des promesses inconsidérées. Car deux mois plus tard, la direction d'ArcelorMittal a annoncé que le site serait fermé. A l'époque d'ailleurs, les promesses présidentielles avaient été aussitôt nuancées par la ministre de l'Economie, puis précisées par François Fillon – « L'intervention ne peut être que temporaire et de relais[2] » – qui soulignait le caractère

---
1. 5 février 2008.
2. 7 février 2008.

stratégique pour la France de la production d'acier. La production d'acier en France est-elle vraiment stratégique pour la France ? Et l'Etat a-t-il les moyens d'intervenir dans ces restructurations industrielles ?

Philippe CHALMIN : Au sortir de la Seconde Guerre mondiale, le Commissariat général au plan se donnait un objectif de production d'acier chaque année parce qu'il fallait reconstruire, et faire plus d'acier que les Allemands. Tout cela aujourd'hui, c'est du passé, même si le marché n'a jamais été aussi porteur : une tonne d'acier vaut aujourd'hui 600 dollars (on en est à 1 100 depuis juin !), contre 250 dollars il y a quatre ans. Avec une demande mondiale qui explose, tirée par les besoins de la Chine augmentant de 10 % chaque année, l'acier n'a jamais été aussi rentable.

B. DARD : On a du mal à comprendre : le marché de l'acier ne s'est jamais aussi bien porté, la demande mondiale est soutenue, notamment en provenance des pays émergents. Pourquoi cette fermeture est-elle donc programmée ? Le site de Gandrange devait-il être sauvé ?

P. CHALMIN : L'histoire démontre que les choix industriels de l'Etat ont souvent été catastrophiques, et la sidérurgie en est un exemple. L'Etat français a dépensé des milliards d'euros pour soutenir ce secteur entre 1970 et 1980, avant de l'abandonner car il ne croyait plus à son avenir. Au même moment, des entreprises comme Mittal se trouvaient en embuscade et pariaient sur le renouveau du secteur.

Dans ce cas précis, l'Etat n'a pas à intervenir : ArcelorMittal n'est désormais plus une entreprise française. On l'a laissée filer quand le groupe anglo-indien Mittal a mis la main dessus en 2006, après une bataille mémorable. A l'époque, on aurait peut-être dû faire un peu de patriotisme économique. Mais on ne l'a pas fait et aujourd'hui, c'est une boîte basée au Luxembourg, avec un actionnaire majoritaire indien, lequel habite à Londres et n'a rien à faire de la Lorraine. Maintenant, s'il peut récupérer 35 millions d'euros promis par ces imbéciles de Français, pourquoi s'en priverait-il ?

B. Dard : L'intervention aurait donc pu être légitime si l'entreprise était restée en partie française... mais n'est-ce pas choquant d'aider une entreprise qui réalise au bas mot 7 milliards d'euros de bénéfices en 2007, en hausse de 30 % ? Est-ce à ce prix que l'on défend l'Alsace et la Lorraine ?

Bernard Maris : Evidemment, aider dans de telles circonstances reviendrait presque à signer un chèque en blanc. ArcelorMittal est une boîte qui gagne bien sa vie, qui fait un choix stratégique. Je ne vois pas pourquoi on entrerait dans la logique qui veut que l'on paye pour avoir une usine. Mais il est normal que l'affaire préoccupe l'Etat : la Lorraine vit un drame – 26 000 emplois ont été perdus depuis 2000, soit 15 % de l'emploi industriel. De là à faire une nationalisation locale... non, ce n'est pas la solution.

B. DARD : Cela veut-il dire qu'il y aurait, comme pour le cholestérol, un « bon » interventionnisme – Alstom[1] – et un « mauvais » interventionnisme – ArcelorMittal ?

P. CHALMIN : C'est tout à fait différent. Alstom traversait une crise : il fallait aider l'entreprise et pas seulement une usine ou un site en particulier. Il s'agissait de technologies nouvelles, et un peu de portage avait été rendu nécessaire à cause de mauvaises opérations et de mauvais choix. Là, la stratégie de Nicolas Sarkozy avait été admirable !

ArcelorMittal joue sa carte de façon intelligente et pratique tout simplement le chantage : ils ont déjà réussi à soutirer 270 millions d'euros du gouvernement belge et de la Wallonie pour maintenir une aciérie.

---

1. En 2004, l'Etat français choisit de recapitaliser Alstom au bord de la faillite avec l'aval de Bruxelles. Une opération qui s'avérera payante puisque l'entreprise est aujourd'hui sauvée. A l'origine de cette recapitalisation Nicolas Sarkozy alors ministre de l'Economie : il en a fait depuis son titre de gloire.

B. Dard : Justement, ArcelorMittal prévoit d'investir 20 milliards de dollars pour construire deux usines de production d'acier dans l'est de l'Inde à partir de 2008. Tout est dit : les centres d'intérêt de l'entreprise se sont déplacés ; ils produisent là où la demande s'exprime.

P. Chalmin : Il faut se battre contre l'idée de désindustrialisation. Mais le problème de la Lorraine, c'est qu'elle n'a pas su se diversifier du point de vue industriel et humain, et a maintenu ses grosses usines telles quelles. S'agissant de la stratégie d'ArcelorMittal, le groupe a tendance à se concentrer sur ses sites côtiers – Dunkerque et Fos – parce qu'ils sont accessibles d'un point de vue logistique. Avoir une aciérie totalement enclavée en Lorraine, ça n'est pas évident. Enfin, l'entreprise garde le laminoir qui sera approvisionné à partir du Luxembourg ou de l'Allemagne. Il s'agit plutôt d'un problème interne au groupe, d'un problème de stratégie. A votre avis, pourquoi ArcelorMittal ne souhaite-t-il pas vendre le site ? Il ne veut surtout pas d'un concurrent potentiel. N'en tirons pas des conséquences catastrophistes sur la désindustrialisation de notre pays !

B. Maris : L'Etat a largement aidé à la reconversion de la Lorraine, qui a été longue et douloureuse. Cela a commencé avec les plans Barre et s'est poursuivi sous Mauroy. On faisait de l'acier de très mauvaise qualité – Philippe, tu ne pourras pas me contredire là-dessus – on était concurrencé, notamment par les Brésiliens. Puis on a réussi à faire de l'acier de très bonne qualité.

Sur le site de Gandrange, il y a eu une très mauvaise gestion de la main-d'œuvre, la productivité a chuté de manière terrible quand Mittal a pris les rênes de l'entreprise. On aurait dû prévoir le renouvellement des générations. Et puis il s'agit d'une entreprise à très forte intensité en capital : songez que les 575 emplois qui vont être supprimés permettaient de produire un million de tonnes d'acier par an !

P. Chalmin : Mittal ne ferme pas ses usines au Pays basque espagnol : ces unités ont été beaucoup mieux préparées pour l'avenir, plus petites et plus spécialisées. Et que dire de nos voisins allemands ? Leur industrie contribue largement à l'excédent commercial, avec une base formée par des PME industrielles et innovantes. Elles sont totalement absentes en France où on ne jure que par le noyau dur industriel type Areva, Alstom, Airbus, censé avoir un effet d'entraînement sur le secteur.

B. Dard : La désindustrialisation de la France est-elle inéluctable ? Prenons les chiffres : 1978 : 5,5 millions d'emplois industriels ; 2006 : 3,5 millions.

P. CHALMIN : D'abord, notre désindustrialisation est toute relative car nous avons quand même su conserver une base industrielle. Au Royaume-Uni, le processus est beaucoup plus avancé. Ensuite, il est assez logique que la part de l'industrie dans le PIB diminue avec la montée en puissance des services. Dans nombre de domaines à forte intensité de main-d'œuvre, nous n'avons pas d'avantage comparatif particulier.

B. MARIS : Pas d'accord. C'est un mythe, une idée reçue que cette désindustrialisation du Royaume-Uni : les Britanniques sont au même niveau que nous.

Par ailleurs, il faut faire attention car beaucoup de services ont été « externalisés » et ne sont désormais plus comptabilisés dans les emplois industriels. C'est le cas de la restauration, qui était assurée autrefois en interne. On fait aussi beaucoup appel à l'intérim dans l'industrie et ces emplois sont comptabilisés dans le secteur des services.

Enfin, ce n'est pas le volume qui baisse, c'est la valeur ajoutée car les prix baissent sous l'effet de la compétitivité. L'industrie gagne 5 % de productivité chaque année, alors que dans les autres secteurs ce gain ne dépasse pas le 1,5 %.

P. CHALMIN : Je voudrais terminer sur une note positive, comme toujours – le libéral croit en l'avenir.

Christie's et Sotheby's ont réalisé un chiffre d'affaires de 491 millions de dollars en une semaine : en pleine crise des subprimes, le marché de l'art se porte bien, merci pour eux. Les personnes qui achètent de la peinture plutôt contemporaine sont des nouveaux riches chinois ou russes ou des petites têtes blondes de la City qui anticipent sur leur bonus... En novembre, il y a eu un petit coup de mou : un Van Gogh ne s'était pas vendu. Du coup, le milieu a été pris d'angoisse. Eh bien, bonne nouvelle, les riches sont encore assez riches !

Croissance française : ce n'est plus glorieux !

Benjamin DARD : Désolé de vous ramener à des trivialités, je souhaiterais que l'on parle à nouveau de croissance... Le dernier chiffre n'est pas fameux : après révision de l'Insee, on atteint péniblement les 2,1 %. C'est moins bien qu'en 2006, inférieur aux espérances du gouvernement, moins bien que dans la zone euro qui tourne autour de 2,4 %.

Cette mauvaise performance semble durable : si l'on se retourne sur les trente dernières années, on a l'impression que la France est abonnée à la croissance molle. A part la période désormais mythique des Trente Glorieuses, où la croissance atteignait 5 % et l'éclaircie de 1997-2000 avec un taux de 3,6 %, de 1979 à 1990 c'est plutôt du 2,2 % et de 1990 à 1997 c'est du 1,4 %. La France est-elle condamnée à un taux de croissance de 2 % ? Les croissances de 5 % sont-elles désormais réservées aux pays émergents ?

Bernard Maris : En 1945, la France était un pays émergent. Les femmes ne travaillaient pas, la paysannerie était encore importante, le bâtiment était en retard – c'était la reconstruction, avec 13 milliards de dollars injectés dans l'économie européenne moribonde par le plan Marshall. Les Français n'avaient pas le téléphone, pas de voiture, ils n'étaient pas « équipés ». Notre réseau d'autoroutes – 13 000 kilomètres, le plus long d'Europe – n'existait pas. Tout cela fait une croissance. La France peut-elle faire mieux que pendant cette période ? Je ne crois pas.

Il faut accepter le fait que nous sommes arrivés à une certaine saturation : toute la main-d'œuvre est employée, il n'y a plus de réserve – contrairement à la Chine, où la masse de main-d'œuvre encore inemployée représente une pression très importante sur la croissance. Un coup d'œil sur le taux d'équipement des ménages est éclairant[1] : 95 % ont un téléviseur couleur, 7 ménages sur 10 ont un téléphone portable, la moitié ont un ordinateur, le tiers ont une deuxième voiture. On ne va pas leur en vendre une troisième ! Si Renault doit aujourd'hui construire des chaînes de montage, il le fera en Chine, pas en Europe et encore moins en France.

Nous sommes aujourd'hui dans une économie de services, avec une saturation des besoins. On ne peut

---

1. Insee, « La France en faits et chiffres, consommation et équipement des ménages », 2007.

donc plus rêver de taux de croissance supérieurs à 2 ou 2,5 %. Trois ou 3,5 %, ce serait fabuleux.

Philippe CHALMIN : Quel fatalisme ! Je vous fais remarquer que les Etats-Unis nous ont montré dans les années 1990 et dans les quatre ou cinq premières années de ce siècle que l'on pouvait être un vieux pays développé et avoir un taux de croissance de 4 % !
Décapons ce pays et vous verrez que 3 %, c'est tout à fait dans nos cordes ! La France de Bernard Maris est une France de rentiers, de fonctionnaires, d'avantages acquis. Ta France, Bernard, est une France de perdants qui ne peut pas avoir 3 % de croissance. C'est la France qu'Attali stigmatise. Il y a une France qui gagne même si elle va gagner à l'extérieur, dans la mondialisation.

B. DARD : Au-delà des formules, la question se pose : comment pourra-t-on retrouver des taux de croissance de 3 ou 4 % ? Est-ce que sur le plan économique, à un moment donné du développement, on n'arrive pas à un palier, à un cycle de croissance molle ?

P. CHALMIN : Dans ce cas, tous les pays développés seraient dans la même situation ! Regardez en zone euro : l'Allemagne a fait 2,7 %, l'Espagne 3,8 %, le

Royaume-Uni 3 %. Il n'y a que l'Italie qui a eu l'élégance d'être derrière nous avec 1,6 %. En même temps, l'Espagne est en plein rattrapage post-franquiste. C'est tout de même la preuve que les vieilles économies ne sont pas condamnées à des croissances molles : 3 %, c'est encore largement à notre portée.

B. MARIS : Nous avons deux problèmes : une main-d'œuvre qui n'est pas qualifiée et une politique industrielle inexistante. Nous avons voulu une « main-d'œuvre de dégrèvement de charges sociales », en tirant les salaires vers le bas, nous avons concentré la main-d'œuvre autour du Smic : 17 % de smicards en France aujourd'hui, soit une progression de 50 % en vingt ans[1]. Nous payons le résultat aujourd'hui. Croissance égale qualification du travail, n'en déplaise à M. Chalmin.

P. CHALMIN : On ne peut pas dire que nous n'avons pas eu de politique industrielle. S'il est un pays qui a une politique industrielle, c'est bien la France ! Mais elle n'a jamais eu d'autres ambitions que de fabriquer des champions nationaux.

---

1. Insee, 2006.

B. Dard : Sur quoi pourrait être bâtie la croissance française de demain ? On a souvent dit que l'embellie de 1997-2000 avait été possible grâce au boom des technologies de l'information et de la communication. Est-ce que demain, ce seront les technologies liées à l'environnement, les biotechnologies ?

P. Chalmin : Voici un chiffre qui nuancera le pessimisme ambiant : l'investissement des entreprises a augmenté de 4,9 % en 2007. C'est un indicateur positif, même si aux Etats-Unis ce chiffre est de 7-8 %. Il est vrai que le champ des biotechnologies est sans doute celui qui fera décoller ou non la croissance française. Il est regrettable que des secteurs prometteurs comme l'énergie solaire soient laissés aux Allemands. Prenez la stratégie européenne [1] : la Commission européenne souhaite faire porter ses efforts d'investissement sur six domaines clefs : santé en ligne, textiles de protection, construction durable, recyclage, bioproduits et énergies renouvelables. Voilà les secteurs d'avenir dans lesquels la France doit se spécialiser !

B. Maris : Je crois à une « maturité » dans la mesure où en outre il n'y a plus d'immigration. Aux Etats-Unis, ce sont les migrants qui font la croissance

---

1. « Marchés porteurs, une initiative pour l'Europe », décembre 2007.

car ils ont besoin de s'équiper et cela fait tourner la boutique.

Pour finir sur une pirouette, je suis contre la croissance. Il y a à ce propos un bon papier à lire dans le *Fig Eco* de Jean-Pierre Robin[1] : la récession est bonne pour la santé. Une étude américaine a constaté que la mortalité augmentait en périodes d'expansion et qu'elle baissait dans les phases de récession...

Il y a une légende tenace qu'il faut pulvériser : on a beaucoup dit que la crise de 1929 était à l'origine de suicides parmi les hommes d'affaires, ceux-ci se jetant par les fenêtres des immeubles de Manhattan au fur et à mesure que la Bourse dégringolait. Eh bien c'est faux ! John Kenneth Galbraith a écrit un livre sur la crise de 1929 et a enquêté sur les fameux suicides : le taux de suicide est resté remarquablement stable à New York et aux Etats-Unis pendant toute la durée de la crise. Peut-être y a-t-il eu un ou deux banquiers qui se sont suicidés, mais ce n'était pas une épidémie. Et si j'en crois l'article, la crise fut même excellente pour la santé. Alors que le chômage en 1933 touchait 25 % de la population active, les progrès en matière d'espérance de vie furent remarquables.

D'autres chercheurs ont montré que de 1960 à 1997, dans les 23 pays de l'OCDE, les années de

---

1. *Le Figaro*, 25 mars 2008.

récession ont été des années de baisse de la mortalité, alors que les grippes, les maladies cardiovasculaires, les pneumonies, les maladies de foie, les accidents de voiture augmentaient pendant les années de croissance.

B. Dard : Comment expliquer ce paradoxe ?

B. Maris : Probablement que les difficultés aguerrissent les gens. Amartya Sen, le prix Nobel d'économie, fait remarquer que les pays à forte égalité sociale sont aussi ceux où la santé est la meilleure. Or la récession a tendance à réduire les inégalités. Nous avons là un tout petit début d'explication. Plus sérieusement, il est clair que la croissance n'est un signe ni de bonheur, ni de santé. La preuve : la croissance américaine est corrélée avec une espérance de vie qui stagne, voire régresse. La décroissance, c'est bon pour la santé !

P. Chalmin : Va expliquer cela aux habitants du Zimbabwe, avec leur 2 200 000 %[1] d'inflation !

---

1. AFP, 16 juillet 2008.

CAC 40 : ma grande entreprise ne connaît pas la crise

Benjamin DARD : Bonne nouvelle : ce n'est pas la crise pour tout le monde ! Pour preuve, les très bons résultats des ténors du CAC 40 : 100 milliards d'euros de bénéfices. Un record[1] ! C'est vrai, toutes ne tirent pas leur épingle du jeu : EADS et Alcatel-Lucent n'ont pas des résultats terribles, la Société générale et les banques souffrent, mais pour le reste Total, la BNP et ArcelorMittal sont en tête du palmarès, avec 30 milliards à eux trois. France Télécom ou L'Oréal se paient même le luxe d'améliorer leurs profits. Des résultats en décalage avec les turbulences économiques, les menaces de récession et la crise financière. Ces poids lourds de l'économie française se disent même confiants pour l'année 2008. On a l'impression

---

1. *La Tribune*, 12 mars 2008. En 2004, le bénéfice cumulé des entreprises du CAC était de 66 milliards. En 2005, de 84,5 milliards. En 2006, de 97,7 milliards.

que ces entreprises disent : « même pas mal ! ». Comment expliquez-vous qu'elles parviennent à tirer leur épingle du jeu dans ce contexte peu porteur ?

Bernard MARIS : La réponse est simple : parce qu'elles ne produisent pas en France. Ces grands groupes profitent d'une croissance mondiale très forte. Prenez Total : le groupe va faire 19 milliards d'euros d'investissement cette année. Il est peu probable qu'ils aillent chercher du pétrole sous Paris. Ils vont donc investir à l'étranger, et créer de l'emploi hors de nos frontières. D'ailleurs, sur le 1,5 million de salariés que ces groupes emploient, les deux tiers sont à l'étranger... bref, la réussite du CAC 40, ce n'est malheureusement pas la réussite de la France. Quand on lit l'interview du P-DG[1] de L'Oréal qui explique que les deux tiers de la croissance sont tirés par des pays comme l'Inde, la Chine ou la Russie... Nos multinationales – notamment du secteur du luxe et des produits cosmétiques – ont simplement profité de la bonne santé économique de l'Asie : PPR a fait + 35 % et LVMH, + 8 %. Lorsque aujourd'hui Renault ou Peugeot décident de créer une chaîne de montage, ils l'installent en Europe de l'Est ou bien en Chine, au Maroc ou en Russie, là où la demande s'exprime...

---

1. *Le Monde*, 14 février 2008.

Seuls les superservices de ces entreprises restent localisés en France – je ne crache pas dessus, loin de là –, à l'image du centre de recherche-développement de Total, basé à Pau.

Philippe CHALMIN : Je suis d'accord avec cette démonstration : ajoutons que la survie de ces entreprises est justement liée à des délocalisations intelligentes : quand Michelin ferme l'usine de Toul, c'est probablement pour conserver le siège à Clermont-Ferrand, car tous les pneumatiques sont conçus là-bas.

B. MARIS : Auvergnate, française... mais pour combien de temps encore ? On a plutôt l'impression que les jours de ces champions français sont comptés. Prenez Total, qui rachète ses propres actions. Le risque du groupe, c'est de se faire racheter. Ils font énormément de profits – 12,2 milliards d'euros encore en 2007. Donc, plutôt que d'investir en France dans l'éolien ou dans les énergies renouvelables en général, ils préfèrent utiliser ces profits pour racheter leurs actions et les mettre ainsi à l'abri de prédateurs, comme Exxon, qui réalise à peine trois fois plus de profits que Total. Ensuite, on verse un gros dividende aux actionnaires afin qu'ils ne soient pas tentés d'aller se vendre à la concurrence. Bref, ces superprofits posent la question de leur utilisation et de leur répartition. Je suis désolé de paraître rabat-joie, mais ce sont surtout les actionnaires qui en ont profité, au détriment des investissements et des salariés.

P. CHALMIN : Il faut noter un paradoxe qui réjouira Oncle Bernard : ces entreprises sont l'héritage de notre complexe publico-industriel, développé en cinquante ans de gaullo-pompidolisme. Ces champions nationaux doivent leur réussite à leur passage par le public. Ça m'écorche de le dire, mais c'est un fait ! Finalement, le modèle de la grande entreprise française à mi-chemin du public et du privé est très efficient. C'est le résultat de la gestion de cette élite passée par l'X-ENA-HEC. Ce n'est pas un hasard si Renault, Arcelor, Areva, EDF, sans compter les grandes banques comme la BNP ou la Société générale, sont des fleurons du CAC, passés par le système public...

B. MARIS : Je bois du petit-lait ! L'affreux libéral rend hommage à la gestion publique ! J'ai dû attendre 2008 pour que mon meilleur ennemi idéologique passe aux aveux : champagne !

P. CHALMIN : Ne vous réjouissez pas trop vite. Quand je vois la façon dont l'Etat se comporte aujourd'hui en tant qu'actionnaire, je dis simplement qu'il était temps de passer le relais au privé.

B. Maris : Le privé qui n'en oublie pas son portefeuille. La rémunération des dirigeants du CAC a progressé de 40 % en 2007. La rémunération médiane s'établit aujourd'hui à plus de 6 millions d'euros par an. Les patrons français sont désormais les mieux payés d'Europe. Si on enlève les stock-options, la progression doit s'élever autour de 10 % alors que les salaires des Français ont augmenté de 2,6 % en 2007 ! Et je ne veux pas entendre parler de l'argument « Oui, mais nous sommes des stars ». Que je sache, Merrill Lynch ne fait pas des pieds et des mains pour débaucher Daniel Bouton !

L'automobile carbure au *low-cost*

Benjamin DARD : Une fois n'est pas coutume, messieurs, on va parler « bagnole » : les constructeurs automobiles rivalisent pour sortir la voiture à bas coût : après Renault-Dacia et sa Logan à 7 500 euros, Tata et sa Nano à 1 700 euros, c'est au tour du constructeur Opel, filiale de l'américain General Motors de réfléchir à une voiture pas chère – environ 8 000 euros. Pour ce faire, Opel cherche un partenaire. On parle d'un fabricant de motos. Que signifie cette course au modèle à bas coût ? N'est-on pas en train de redécouvrir le mythe de la *world car*, comme dans les années 1980 ?

Philippe CHALMIN : C'est vrai que dans les années 1980, de nombreux constructeurs automobiles rêvaient d'une plate-forme qui aurait fonctionné pour l'ensemble de la planète, avec la possibilité de décliner un modèle européen, un modèle asiatique, un modèle américain. C'était effectivement le mythe de la *world car*.

Chrysler, General Motors, Ford ou Fiat se sont cassé les dents dans cette histoire, pour une raison simple : il était trop difficile de concentrer les méthodes, les achats, etc. Cela a d'ailleurs sonné le glas des grandes fusions transatlantiques, comme Mercedes et Chrysler...

Le temps de la *world car* est peut-être aujourd'hui revenu. L'époque est plus mûre, avec la montée en puissance du marché asiatique. Pour preuve, Ford relance sa Fiesta, qui sera fabriquée en Europe, en Asie et aux Etats-Unis. Au même moment, Tata essaie de débarquer en Europe, les Chinois sont omniprésents au salon automobile de Genève. L'industrie automobile – la dernière à ne pas avoir été mondialisée, la dernière où les Occidentaux étaient dominants – est en train de passer à la moulinette asiatique. L'année dernière, pour la première fois, le marché chinois s'est imposé comme le deuxième marché automobile mondial !

B. Dard : Est-ce un hasard si c'est le modèle du *low-cost* qui se développe ? S'agit-il de répondre au gisement de croissance sur des marchés asiatiques par exemple ?

Bernard Maris : Ce sont des voitures qui rapportent très peu : le taux de profit par unité étant très faible, il faut des marchés immenses. D'où la tentation de conquérir les marchés chinois et indien avec ce type de modèle.

Le calcul est évident : en inondant ce genre de marché de voitures, on parvient à récupérer sur la masse. Les chiffres de la Logan en témoignent : 367 000 en 2007, 750 000 en 2008. C'est un segment de voiture qui tire la croissance et la profitabilité du groupe vers le haut.

Pour paraphraser Mitterrand : « Les clients sont à l'Est, les industries sont à l'Ouest. » Renault joue le marché asiatique à fond : le groupe et Bajaj[1] vont vendre dès 2011 une voiture ultra-*low-cost* à Chakan, dans le Maharashtra. Prix sortie usine : 2 500 dollars. Production prévue : 400 000 unités. A l'origine, ils tablaient plutôt sur un prix de vente autour de 3 000 dollars, mais ils sont parvenus à s'aligner sur la Nano. Sans compter qu'en Inde, Renault est déjà associé au groupe Mahindra, qui assemble et commercialise la Logan. On produit là où on vend.

P. CHALMIN : Ça commence même à être un problème pour Renault : le groupe avait essayé de faire de la montée en gamme – le rêve éternel des constructeurs français – et, chaque fois, on est obligé de constater que ce qui marche, c'est la bonne « 2 CV ».

---

1. 13 mai 2008.

La Logan, mais c'est un bas de gamme à vocation universelle !

Renault n'a pas l'intention de s'arrêter en si bon chemin : le groupe lance quatre ans après la Logan, la Sandero – 7 800 euros – conçue au Brésil, assemblée en Roumanie. C'est la stratégie de la « seconde gamme ». A l'image d'ailleurs de Volkswagen, qui a fait du tchèque Skoda sa marque de second rang, qui profite de l'aura de la maison mère. Je ne peux pas me payer la berline de Volkswagen, j'achète la berline de Skoda. Mais Bernard a raison : les constructeurs gagnent en volume ce qu'ils perdent en marges. Avec des recettes connues : de très bas salaires au Brésil ou en Roumanie.

B. Dard : N'est-on pas tout simplement en train de redécouvrir une nouvelle façon de faire des voitures, avec des « process » plus simples, des véhicules moins sophistiqués : songez que la Nano n'a pas de climatisation, pas de fenêtre électrique, pas d'airbag et un moteur de « moto » ? Est-ce qu'on ne se dirige pas vers ce modèle de fabrication ?

P. Chalmin : Bien sûr, ces modèles ont beaucoup moins de pièces. Les flambées des prix des matières premières comme l'acier ou le caoutchouc affectent donc moins ces modèles que les modèles traditionnels.

J'ai lu un chiffre tout à fait surprenant au sujet de la Logan. Si vous comparez le niveau de qualité entre

Dacia et Renault, on compte 23 défauts par million de pièces chez Dacia, on en compte 40 chez Renault ! Voilà un chiffre qui résume à lui seul le défi auquel est confronté Renault. Mais ne confondons pas pour autant modèle à bas coût – dans lequel je range la Logan – et modèle bas de gamme, où je place la Nano.

Rappelons que la Nano est une catastrophe écologique. Fabriquer la Nano au moment où le baril oscille entre 130 et 150 dollars, c'est aberrant, à la limite du contresens historique. Ratan Tata compte quand même en vendre un million chaque année : on marche sur la tête !

L'industrie automobile n'a toujours pas fait sa révolution copernicienne : elle ne semble pas avoir encore intégré que dans cinquante ans, il n'y aura plus de pétrole. C'est un spécialiste des matières premières qui vous le dit !

B. Maris : Ce que je retiens surtout, ce sont les nouveaux circuits d'échange. Renault fait fabriquer les voitures en Roumanie pour les vendre au Brésil et en Chine. L'argent ne profite donc en rien à la France, peut-être à la marge, pour quelques bureaux d'études. Philippe va sans doute me dire que l'on est là au cœur de la création de valeur.

P. Chalmin : Sans cynisme, il est déjà exceptionnel d'avoir conservé des sites de fabrication importants en France. Prenez par exemple l'Espagne : on y a délocalisé dans les années 1970 et 1980 une partie de la production. Aujourd'hui, ces mêmes usines sont en train d'être délocalisées en Tchéquie, en Roumanie ou en Slovaquie.

B. Dard : Le succès de la Logan à Pitesti en Roumanie coïncide avec les menaces de fermeture du site à Sandouville, qui fabrique la Laguna, un modèle qui ne tient pas ses promesses. On parle de 180 000 exemplaires vendus. Est-ce qu'il n'y a pas un risque à la fois d'image et de stratégie pour Renault ?

B. Maris : Jusqu'ici, les ventes de Logan tirent la profitabilité de Renault vers le haut. Donc tout va bien. Mais certains analystes parlent d'un risque de « cannibalisation » des modèles plus classiques : le client pourrait se détourner de la haute gamme pour choisir des modèles plus simples. Ce glissement d'intérêt du consommateur pourrait entamer de 700 millions d'euros les bénéfices des constructeurs [1].

P. Chalmin : Comme les fabricants de chandelles se plaignaient de la concurrence du soleil, les fabricants de voitures se plaignent de la concurrence de la Chine...

---

1. Selon une étude du Crédit suisse citée dans *Les Echos*, 25 juin 2008.

Vous connaissez Frédéric Bastiat ? Un des écrits les plus merveilleux de Bastiat – livre de chevet des libéraux américains, sans doute le seul livre que George Bush ait lu – invente justement la supplique des fabricants de chandelles. Comme le soleil était gratuit – un scandale –, il fallait que l'Etat claquemure toutes les fenêtres de manière à ce que le monopole des fabricants de chandelles continue. Eh bien, Mandelson[1] est en train d'actualiser ce conte philosophico-économique : il vient de répondre favorablement à la complainte des fabricants européens de bougies et va instruire une plainte à l'OMC contre la Chine, sachant que sur un marché européen de 835 millions d'euros de chandelles, nous en importons 280 millions de Chine.

B. MARIS : Pourtant, Mandelson est peu suspect d'interventionnisme...

P. CHALMIN : Mais parce que les Chinois pratiquent sans vergogne un dumping sur les bougies ! Ce sont les bougies de Noël. La notion de dumping est très vite établie : à partir du moment où l'on peut prouver que vous vendez moins cher sur un marché extérieur que sur votre marché intérieur, il y a dumping.

---

1. Peter Mandelson est le commissaire européen chargé du commerce.

Homme-femme :
pourquoi le travail n'a pas le même prix ?

Benjamin DARD : A vos crayons : je vous propose de plancher sur le sujet de prédilection de Philippe Chalmin : l'égalité salariale hommes-femmes. Les conclusions que sort l'APEC[1] à l'occasion de la Journée de la femme sont sans appel : à poste, qualification, responsabilité et taille d'entreprise de valeur égale, les femmes cadres ont un salaire inférieur de 7 % à celui des hommes[2]. Une seule question : cette différence a-t-elle une justification économique et si oui, laquelle ?

Philippe CHALMIN : Quelle mouche vous a piqué ? Vous avez été pris en otage par les Chiennes de garde ? Puisque vous parlez de commémoration, ne

---

1. Association pour l'emploi des cadres.
2. Association pour l'emploi des cadres, les salaires des femmes cadres, 6 mars 2008.

devrait-on pas plutôt évoquer celle du déclenchement de la guerre en Irak à l'occasion de son cinquième anniversaire et poser la question qui fâche : est-ce que la guerre est bonne ou non pour l'économie ?

Bernard MARIS : Elle est certainement très bonne pour Dick Cheney, le patron d'Haliburton. Le complexe militaro-industriel est aux anges ! En revanche, elle a un coût exorbitant – je n'entre pas dans les conséquences humaines et politiques désastreuses, ce n'est pas notre sujet : 3 000 milliards de dollars selon Joseph Stiglitz. Bush avait promis 50 milliards de dollars. On en est très loin.

Mais le plus grave dans cette histoire, c'est que cette guerre est financée par l'emprunt. Pour la première fois dans l'histoire des Etats-Unis, ce n'est pas une guerre payée par ceux qui la font, mais par les générations futures.

B. DARD : Et sinon, les fondements économiques de la discrimination salariale homme-femme ?

B. MARIS : Aucune explication. C'est de la discrimination pure. Quatre lois n'ont pas suffi à régler ce problème d'injustice. Ce qui est nouveau dans cette étude, c'est le côté péremptoire des conclusions. D'abord, il y a le constat général : le salaire médian des cadres hommes – la moitié des hommes gagne plus et l'autre gagne moins – est supérieur à 45 000 euros, alors que celui des femmes se situe bien au-dessous, à 38 400 euros annuels. Soit une différence de 17 % !

L'APEC montre que le niveau de responsabilité et les interruptions de carrière (congés maternité) peuvent en partie expliquer cette disparité. Mais l'étude démontre aussi – c'est accablant – qu'à âge, expérience et poste égaux, un homme est toujours mieux rémunéré qu'une femme. Rien ne le justifie.

P. CHALMIN : Ce que vous semblez ne pas vouloir comprendre, c'est que la carrière d'une femme sera différente de celle d'un homme. Que je sache, c'est bien la femme qui enfante et non pas l'homme : la femme connaîtra donc dans sa carrière des interruptions. « La grâce d'être femme », comme disait Georgette Blaquière, ça coûte en termes de carrière, en termes d'années qui sont davantage passées à la maison qu'au travail.

B. DARD : Pourquoi ça ne progresse pas ?

P. CHALMIN : Je vais encore apparaître comme affreusement sexiste. Je le vois chez mes 40 étudiants (d'ailleurs, j'ai plus de filles que de garçons, je suis même obligé de faire de la sélection en faveur des garçons si je ne veux pas avoir un groupe de filles trop important), il n'y a pas de différence colossale au niveau des salaires d'embauche... Les filles sont même souvent plus pugnaces, plus audacieuses. La différence se produit au moment des maternités, puis de l'éducation des enfants.

B. Maris : Tu trouves donc normal qu'un employeur puisse prendre en compte cet « élément » dans le niveau de salaire ?

B. Dard : Ce qui est intéressant dans cette étude, c'est que les écarts varient selon les fonctions : l'écart est d'autant plus faible que la fonction est féminisée : chez les cadres des ressources humaines, l'écart est de 5 %, il est de 36 % pour les cadres dans la production.

B. Maris : Une conquête lente et patiente. Malheureusement, la fonction publique n'est pas franchement exemplaire, même si cela progresse, l'écart atteignait 16 % dans le public et 23 % dans le privé[1], c'est donc bien la preuve que c'est possible.

B. Dard : Faut-il alors aller plus loin dans les sanctions ? Comme pour l'embauche des personnes handicapées ? La Norvège, par exemple, exige que 40 % des administrateurs dans les conseils d'administration

---

1. Regards sur la parité, février 2008.

soient des femmes... Résultat : on atteint les 37 %, alors que la moyenne en Europe tourne autour de 10 %.

B. Maris : Les textes existent déjà. Qu'on les applique ! La loi de 2005 oblige les entreprises à renégocier des accords de rattrapage pour mettre hommes et femmes sur un pied d'égalité. Sauf que, d'après une enquête de l'Orse[1] en 2006, seuls 401 accords d'entreprise sur 24 000 signés traitaient de la parité salariale[2].

B. Dard : Tout en étant plus motivée, seule la moitié des ténors du CAC a signé un tel accord. On aura donc le droit à un nouveau dispositif. A la suite de la Conférence sur l'égalité professionnelle du 26 novembre 2007, le gouvernement a décidé de mettre en place un système plus coercitif, mais ce ne sera obligatoire qu'en 2010. Fin 2009, l'Etat obligera les entreprises à avoir conclu des accords de rattrapage salarial, sous peine de sanctions.

P. Chalmin : Inutile de vous préciser que je suis totalement contre ces sanctions. Nous allons avoir des évolutions tout à fait naturelles. Il faut laisser du temps au temps, c'est tout ! Je ne comprends pas cette manie française de l'égalitarisme par la procédure. Combien y a-t-il de femmes rédac chefs à *Charlie Hebdo* ? Zéro !

---

1. Observatoire sur la responsabilité sociale des entreprises.
2. lentreprise.com, 6 mars 2008.

Le déficit : peut-on échapper à la rigueur ?

Benjamin DARD : Salut, messieurs ! Attention, on va lâcher les gros mots aujourd'hui... La « rigueur », *Horresco referens* ! Le dernier mauvais chiffre de l'économie française alimente le débat : notre déficit public – la somme des déficits de l'Etat, des collectivités territoriales et de la Sécurité sociale – atteint non plus 2,4 % comme prévu, mais 2,7 % du PIB et s'élève à 50,3 milliards d'euros. La dette augmente, elle aussi, de 5,2 %, pour atteindre 1 200 milliards d'euros, soit 3 % au-dessus du plafond de 60 % prévu par le pacte de stabilité. Et Nicolas Sarkozy a même rappelé que la dernière fois qu'un gouvernement a présenté un budget en équilibre, c'était en 1974.

Bernard MARIS : La mauvaise nouvelle, c'est que le déficit est plus grand que les intérêts. Cela signifie que l'on commence à emprunter pour payer les intérêts de la dette.

Mais la France n'est pas non plus surendettée : la situation n'est pas catastrophique. Celle des Italiens est bien pire. Les Anglais ont un endettement privé colossal, alors que le nôtre est identique à celui des Allemands (67,9 %). Le Japon, qui a une dette de 159 % par rapport à son PIB, ne s'inquiète pas car il ne risque pas grand-chose avec 2 000 milliards de dollars de réserve à l'extérieur.

Le montant est plutôt un montant « politique » : lorsque François Fillon dit que la France est en faillite, il ne s'appuie pas sur des arguments économiques mais il fait ça pour paniquer les gens et mieux les préparer au message de rigueur : « ça suffit les fonctionnaires, ils nous pompent le sang ».

C'est un raisonnement complètement idiot : une dépense de prof, ce n'est pas une dépense de fonctionnement, c'est une dépense d'investissement : tu construis du capital avec un prof.

La question de la « dépense publique » est devenue centrale dans notre débat politique et je ne suis pas sûr de comprendre pourquoi, même si je vois bien tout l'intérêt que peuvent avoir certains d'affoler la population pour mieux serrer la ceinture et rogner sur certaines dépenses. L'Etat a du patrimoine : il a des actifs financiers – il y a un très bon papier de Mathieu Plane de l'OFCE à ce sujet dans *Alteréco*[1].

---

1. « Non la France n'est pas en faillite », 13 janvier 2008, *Alternatives économiques*.

Que dit Mathieu Plane ? La dette, au sens de Maastricht, n'intègre pas les actifs détenus par les administrations publiques tels que les actifs financiers (actions cotées, dépôts...), mais aussi et surtout les actifs physiques (infrastructures). Or si on tient compte de l'ensemble de ces actifs, les administrations publiques ne présentent plus une dette, mais une richesse nette. Cette richesse a même augmenté ces dix dernières années grâce à la forte valorisation des terrains détenus par l'Etat (+ 200 % en dix ans). Selon Plane, « le bébé français ne récupère donc pas à la naissance une dette publique de 18 700 € mais hérite au contraire d'un actif net de 11 000 € ». Et toc !

Philippe CHALMIN : J'adore ce discours lénifiant. Certes, nous ne sommes pas en faillite. Je veux bien oublier les performances de l'Allemagne qui est à l'équilibre, je veux bien passer sous silence l'excédent budgétaire espagnol (2 % quand même du PIB)... Mais nous sommes toutefois le seul pays avec l'Italie à avoir un déficit public qui se creuse !

Même des pays « ringards » sur le sujet, le Portugal et la Grèce, améliorent leur position. Nous, nous l'aggravons. D'accord, sur le montant, nous sommes proches de nos voisins, mais en termes de dynamique du déficit et de la dette, la France est le mauvais élève de la classe européenne. Cette dérive, nous la devons au dérapage des comptes de la Sécu et des collectivités territoriales. Si on regarde dans le détail : les dépenses de l'Etat augmentent au bas mot de 1,5 % chaque année depuis les années 1990, mais celles de la Sécu augmentent de 3,5 %, et celles des collectivités territoriales de 4,5 %.

B. Maris : C'est inadmissible de dire des choses pareilles. La masse salariale des collectivités territoriales a été multipliée par deux ces dernières années. Prenez le personnel Atos, le personnel technique et ouvrier qui travaille dans les universités : il a été transféré aux collectivités locales alors qu'avant, il dépendait de l'Etat.

On a l'impression que tu ne sais pas ce qu'est une entreprise ! Une entreprise emprunte pour faire des profits, elle peut être structurellement endettée. Si vous prenez l'entreprise « France » ou bien l'entreprise « Etats-Unis », elles agissent comme des *hedge funds*, elles ont un effet de levier pour financer la recherche, l'éducation...

P. Chalmin : Mais le drame, c'est précisément que nos dépenses dérivent sans que ces effets de levier se produisent. Il n'y a qu'à voir l'état de nos universités.

B. Dard : A vous entendre, rien ne justifie la rigueur ?

P. Chalmin : Rappelons que le terme est tabou en France, car il est synonyme de hausse des impôts. En mars 1983, désormais connu dans les livres d'histoire comme le « tournant de la rigueur », Mauroy et Delors sont à la manœuvre : ils augmentent la vignette auto, les taxes sur les alcools, l'essence et le tabac, les tarifs d'EDF, du gaz et de la SNCF. En 1995, Juppé choisit d'augmenter, pour qualifier la France pour l'euro, la TVA de deux points, carrément. Mais ne peut-on simplement envisager de dépenser mieux, et du coup moins ?

B. Maris : Peu importe le montant, je suis prêt à parler de l'efficacité de la dépense publique. C'est vrai, il y a un problème. Le coût de la rentrée fiscale représente 1,5 % du PIB en Allemagne alors qu'en France il représente 3 % du PIB.

B. Dard : Vous applaudissez donc aux cent soixante-six mesures d'économies prévues par la désormais fameuse RGPP[1] : réduction du personnel des ambassades, économies sur les transferts de détenus, réduction du nombre de ménages éligibles au logement social, révision des aides aux entreprises. Autant de mesure de « rationalisation », et non de

---

1. Révision générale des politiques publiques.

rigueur, selon le gouvernement, qui doivent dégager 7 milliards d'euros d'économies d'ici à 2011.

B. Maris : Certaines sont même « amusantes » : les fonctionnaires qui prenaient leur retraite en Nouvelle-Calédonie ne bénéficieront plus du supplément de 60 ou 70 % qu'ils touchaient jusqu'ici pour aller se la couler douce dans les DOM-TOM – 300 millions d'euros quand même d'après le sénateur Philippe Marini. D'accord. Les comparutions des détenus se feront par visioconférences... Pourquoi pas ? Mais tout cela, ce sont des économies de bouts de chandelles. Sept milliards d'euros, c'est une goutte d'eau.

Si vous prenez les pays qui ont vraiment réduit le poids de l'Etat, comme le Canada qui a réduit de 20 % ses dépenses, vous constaterez qu'ils ont taillé dans la masse salariale. Ça sent quand même l'exercice technocratique à pleines narines, dans la bonne tradition de la LOLF[1] : on essaie de rationaliser chaque dépense.

Cela me rappelle la rationalisation des choix budgétaires, la fameuse RCB[2], ou sa version anglo-saxonne,

---

1. La LOLF, loi organique portant loi de finance, qui réforme profondément les règles budgétaires et les modes de gestion publique en les orientant vers une logique de résultats.

2. Ensemble de techniques de préparation du budget inspiré des méthodes instaurées en 1965 aux Etats-Unis sous le nom de *planning, programming, budgeting system* (PPBS) et mis en place dans les années 1970 en France par les responsables des finances

PPBS, dans les années 1970. Rien de très nouveau sous le soleil ! Peut-être faudrait-il enfin avoir un débat sur ce qui est utile et inutile dans la dépense publique en France, ce qui est productif et ce qui est improductif. Je trouve regrettable que l'on dise que moins il y a de dépense publique, mieux c'est. Ce n'est pas vrai. La Suède, qui a des dépenses collectives élevées, a su retrouver de la compétitivité : ils ont baissé leurs dépenses publiques de 10 points de PIB, mais elles atteignent quand même 52 % du PIB. On peut donc être parfaitement performant avec un haut niveau de dépenses publiques.

P. Chalmin : Je suis d'accord, c'est un catalogue à la Prévert, qui ne va pas bien loin. Il faudrait au bas mot économiser chaque année 15 milliards d'euros pour prétendre remplir nos engagements européens, c'est-à-dire atteindre l'équilibre en 2012 (je suis d'ailleurs prêt à prendre les paris : c'est impossible mathématiquement).

Surtout, la république raffole de ce genre d'exercice : après les trois cent seize mesures pondues par Attali, voici maintenant les cent soixante-six mesures accouchées par Sarkozy ! Ah, que c'est beau ! Ah, le grand président !

---

publiques : la RCB implique le choix d'objectifs et de moyens et, surtout, le contrôle des résultats.

Sérieusement, ce qui me gêne, c'est la méthode. Nous sommes en plein dans l'univers technocratique : une commission de technos s'est réunie, a audité l'Etat en long, en large et en travers – cent soixante-dix audits ont été menés[1] – et a proposé. C'est du pur *top down* (le haut décide, la base suit), comme l'administration le pratiquait dans les années 1960. Bravo l'évolution !

J'aurais franchement préféré qu'on demande aux « indigènes » leur avis, que les services concernés soient consultés. Je préfère l'exemple suédois à l'exemple canadien de ce point de vue : les Suédois ont le même niveau de dépenses publiques que nous, mais ils ont réussi à supprimer leur déficit. Comment ? En redonnant aux échelons locaux, aux gens de terrain la responsabilité. Et puis, je ne crois pas qu'il soit possible de réformer l'Etat sans en passer par le Parlement, l'opinion, les médias. On n'a pas le sentiment d'une révision des missions de l'Etat, mais plutôt d'une logique comptable, maniant les rustines.

---

1. Un programme d'audits systématiques des administrations de l'Etat a été engagé en octobre 2005 et avril 2007. Près de 170 audits ont été lancés, portant sur près de 150 milliards d'euros de dépenses de l'Etat.

B. Dard : Sarkozy a-t-il eu raison de déplacer le débat sur la question de l'efficacité des dépenses ? Prenons l'exemple des aides aux entreprises, comme le soutien au secteur des hôtels-cafés-restaurants en contrepartie d'une création nette d'emplois : pourquoi ne les supprime-t-on pas ?

P. Chalmin : Tout à fait d'accord. Prenez l'exemple de la politique de l'emploi, qui coûte 30 milliards d'euros. Si on la supprime, est-ce que cela va changer quelque chose au niveau du chômage, de la création d'emplois ? Provoc ? Pas sûr. L'Etat en a-t-il pour son argent ? Il faudrait analyser chaque dépense par rapport à son résultat (efficience), et par rapport aux objectifs (efficacité). On ne serait pas déçu, croyez moi. C'est d'ailleurs ce que nous a promis la LOLF. Prenons l'éducation : on forme 15 % d'illettrés, 44 % des étudiants abandonnent leur cursus sans aucun diplôme. Prenez maintenant le coût d'un lycéen : 10 000 euros, en hausse de 50 % entre 1990 et 2004 alors que nous sommes assez mal classés dans le classement PISA. On paye le coût d'une superstructure à la soviétique, un Léviathan qui doit tout contrôler, jusqu'aux sujets des examens.

B. Maris : Chalmin candidat ! Tu nous fais ta campagne ou quoi ? Revenons à l'économie. Je suis d'accord avec Philippe sur les aides. Sauf que Chirac en a déjà parlé en 1995 puis en 2001 sans que rien change, c'est dire. D'autres réserves d'économie réelles existent : la fraude fiscale représenterait 40 milliards d'euros, presque l'équivalent de notre déficit. Les rapports se succèdent sur la formation professionnelle : le dernier de Cahuc sur le DIF, décapant[1], dénonçait aussi bien la gabegie financière que l'absence de performance, et tout ça pour 23 milliards d'euros.

B. Dard : Il y aurait donc une bonne et une mauvaise rigueur en quelque sorte ?

P. Chalmin : La meilleure gestion des dépenses publiques, de l'argent du contribuable, c'est un sujet de consensus droite-gauche. Ce serait la bonne rigueur, mais le refrain est connu et aucun gouvernement n'est parvenu depuis presque trente ans à rééquilibrer le budget en déficit !

---

1. Pierre Cahuc et André Zylberberg, rapport de septembre 2006. Selon cette étude, les dispositifs sont inefficaces (on ignore l'impact des formations), opaques (on ne maîtrise pas les circuits de financement) et inéquitables (la formation profite surtout aux salariés les mieux formés).

Dacia : les limites de la délocalisation

Benjamin DARD : Un peu de microéconomie pour changer, du côté de nos voisins roumains. Après dix-neuf jours de grève chez Dacia à Pitesti en Roumanie, les salariés ont obtenu en partie gain de cause : ils réclamaient 148 euros d'augmentation de salaire, soit une hausse de 65 %, ce qui aurait porté leur salaire à 435 euros... des revendications jugées irréalistes par la direction. Un conflit prévisible ? On ne reste pas longtemps un pays à bas coût ?

Philippe CHALMIN : Oui, surtout pour un pays qui a rejoint en 2007 l'Union européenne. Ce qui se passe en Roumanie, c'est un livre d'économie ouvert au chapitre de la théorie de l'avantage comparatif. La Pologne, la Tchéquie avaient autrefois joué la carte de l'avantage comparatif prix. C'était sans compter avec la convergence rapide de ces économies. La Roumanie est en train de vivre ce que l'Espagne a connu avant d'entrer en 1986 dans l'UE : dans les années 1970 le pays avait attiré une vague de délocalisation des industries automobiles, notamment Renault, qui n'ignore donc pas les bénéfices provisoires de la délocalisation. L'Espagne, c'était hier le pays *low-cost* de l'Europe : la Péninsule a rattrapé ses voisins en une vingtaine d'années. De l'Espagne, on est passé à la Tchéquie, puis au dernier pays de cocagne en Europe, la Roumanie. Celle-ci est, selon le mot du patron local de Siemens, la nouvelle « Chine de l'Europe ». Différence majeure avec l'Espagne : le processus de rattrapage semble beaucoup plus rapide.

Bernard MARIS : La Roumanie est en effet victime de son succès... A tel point que le pays est confronté à un problème de main-d'œuvre qualifiée. A force d'attirer du monde – Nokia quitte Bochum en Allemagne pour la Roumanie, Ford met la main sur l'ancienne usine Daewoo de Craiova – les industriels doivent se battre dans ce pays du plein-emploi pour recruter et conserver leurs salariés. Sans compter que les Roumains les plus qualifiés sont partis faire fortune hors des frontières. Premier résultat, les salaires grimpent. D'après Renault, le salaire aurait augmenté de 140 % ces cinq dernières années dans l'usine. Deuxième résultat, on importe « du Moldave », et même « du Vietnamien » payés, paraît-il, 30 % de moins que les Roumains. A ce prix-là, le pays a toutes les chances de conserver son avantage comparatif !

B. DARD : D'après le directeur général de Dacia, les revendications mettraient en péril l'avenir de l'usine, sachant que d'ici à 2010 des usines devraient ouvrir au Maroc, en Chine ou en Inde pour produire la Logan : c'est du chantage à la délocalisation ?

B. MARIS : Renault a quand même investi 800 millions d'euros dans l'aventure, et s'apprête à y investir encore 200 millions. Pour l'instant, c'est « *total dependence* ». Le bras de fer des salariés de Pitesti semblait donc gagné d'avance. La Logan représente quand même 15 % des ventes de Renault. Deux cent trente mille véhicules sont sortis de l'usine en 2007, soit une hausse de 17 % par rapport à 2006. En janvier et février 2008, les ventes ont augmenté de 62 % par rapport à la même période de 2007. La direction souhaite produire cette année 350 000 voitures, parmi lesquelles le nouveau modèle Sandero.

Comment fonctionne cette usine ? Renault a fait le pari d'une usine de main-d'œuvre, très peu robotisée. Je crois même savoir qu'il n'existe que deux robots sur les chaînes de montage. En revanche, l'organisation du travail est très dure : à flux tendus, sans stock, avec des cours – tenez-vous bien – de « dextérité » pour les ouvriers (*dixit* Carlos Ghosn, le patron de la marque). Bref, la *success story*.

Les ouvriers ont donc exigé et obtenu leur part du gâteau. Mais tout est relatif[1], les ouvriers devaient hier sortir l'équivalent de trente-huit mois de salaire pour s'offrir la Logan, aujourd'hui ils doivent débourser dix-neuf mois de salaire...

P. CHALMIN : De toute façon, le modèle de la Logan est un modèle *low-cost* et a donc vocation à être fabriqué dans les pays consommateurs de ces voitures. Surtout avec un baril qui flirte avec les 120 dollars et qui renchérit la facture transport pour un constructeur. Je ne crois donc pas du tout au chantage à la délocalisation de voitures. En revanche, je crois au scénario des robots dans ces établissements. Voyez ce qui se produit chez Volkswagen en République tchèque : le constructeur allemand a robotisé son usine pour répondre au problème d'effectif.

B. DARD : Combien de temps encore les Roumains garderont-ils leur avantage comparatif prix ?

B. MARIS : Qui pourrait se plaindre que ce pays nous rattrape en termes de niveau de vie ? Mais il y a

---

1. *Les Echos*, 25-26 janvier 2008.

encore de la marge : le coût salarial reste très compétitif en Roumanie. Selon le site d'un prof d'éco[1], citoyen, complété par les données Eurostat, une heure de travail coûte treize fois plus en France qu'en Roumanie. Mais il faut intégrer les différences de productivité : la productivité en France est quatre fois supérieure à celle de la Roumanie. Le coût salarial unitaire, rapport entre le coût du travail et la productivité du travail, est donc de trente-deux en Roumanie, contre quatre-vingt-dix-neuf en France, soit un rapport de trois pour un. Le rattrapage se fait à grande vitesse et, demain, ce sera au tour des Roumains de vivre les angoisses des délocalisations.

P. CHALMIN : Ça y est, Oncle Bernard nous rejoue sa partition « sortez vos mouchoirs ! ». C'est la règle du capitalisme. L'allocation optimale des ressources, mon cher !

B. MARIS : Et l'allocation optimale des dégâts, tu connais ? Qui paye les pots cassés ? Les salariés européens. Qui panse les plaies ? L'Europe. Son fonds d'ajustement[2] à la mondialisation tourne à plein

---

1. www.bouba-olga.org
2. Le FEM a été créé en décembre 2006. Il s'agit, pour la Communauté, « d'apporter une aide aux travailleurs qui perdent leur emploi en raison des modifications majeures de la structure du commerce mondial résultant de la mondialisation ». Il est doté d'une enveloppe de 500 millions d'euros.

régime. Et qui en est le premier bénéficiaire ? La France. Pour quelles industries ? Des sous-traitants de Renault et de Peugeot-Citroën, frappés par la concurrence asiatique.

D'autres secteurs sont aussi touchés : l'Allemagne demande à son tour des sous pour aider 3 000 personnes licenciées dans la téléphonie mobile. Même chose en Finlande pour 1 000 personnes. Et la Commission d'observer « une tendance générale, parmi les fabricants de téléphones portables, à une délocalisation de leur production vers l'Asie, et essentiellement la Chine ». Tu m'étonnes ! En 2001, un téléphone sur cinq était fabriqué en Chine, aujourd'hui c'est un sur deux.

P. Chalmin : Rassure-toi, Bernard. La partie n'est peut-être pas perdue. La recherche du « toujours moins cher », on en revient. La preuve, ce nouveau phénomène que l'on appelle la relocalisation, le retour à la maison. Selon deux études allemandes [1], entre un quart et un cinquième des capacités délocalisées sont finalement rapatriées en Allemagne. En cause, les patrons, qui n'ont tenu compte que d'un facteur, les frais de personnel. Mais la qualité ne suit pas, la formation est trop coûteuse, ou le démarrage de l'usine

---

1. Du Fraunhofer Institut et d'Ernst and Young, *Les Echos*, 24 avril 2008, *Le Figaro*, 29 février 2008.

est trop lent. La stratégie, surtout, s'appuie sur une analyse trop figée des coûts salariaux. En fait, ceux-ci progressent plus vite proportionnellement qu'en Allemagne. Il y a trois ans, une entreprise allemande sur cinq songeait à délocaliser. Aujourd'hui ce n'est plus qu'une sur huit ! La France n'est pas en reste : Peugeot annonce la création de 600 emplois à Mulhouse, afin de répondre au succès de la 308.

Crise alimentaire : le monde reste sur sa faim

Benjamin DARD : Avez-vous entendu les mots de Louis Michel[1] à propos des émeutes de la faim ? Il parle de « tsunami humanitaire et économique », des mots terribles pour une situation dramatique : trente-trois pays sont touchés par les tensions liées à la crise alimentaire. En Egypte et en Haïti, les manifestations prennent un tour violent. Les hausses des prix agricoles donnent le tournis : le blé est passé de 120 à 400 dollars la tonne entre 2005 et 2008, le riz de 300 à 1 000 dollars, le maïs de 80 à 140 dollars. Monsieur Cyclope[2], le titre de votre rapport annuel en 2008, *Stupeur et tremblements*, était prémonitoire...

---

1. Commissaire européen au développement.
2. Depuis 1986, Philippe Chalmin publie chaque année le rapport Cyclope, un ouvrage de référence sur l'ensemble des marchés de matières premières, de l'ananas au zirconium en passant par les textiles, le soja, l'automobile ou même l'art.

Philippe Chalmin : Effectivement, la stupeur, c'est ce qui a saisi les marchés de la finance, et les tremblements, ce qui a secoué ceux des commodités... Amélie Nothomb m'a autorisé à lui emprunter cette expression, qui avait par ailleurs été utilisée en premier par le philosophe danois Søren Kierkegaard.

B. Dard : Alors flambée conjoncturelle ou bien durable ? Et surtout, cette crise alimentaire était-elle prévisible ?

P. Chalmin : Les deux, mon capitaine. Désolé de cette évidence, mais nous sommes dans une économie de marché. Lorsqu'un prix monte, c'est d'abord parce que la demande est supérieure à l'offre : c'est ce qui se passe actuellement dans le monde. Cela fait trois ans que la demande mondiale est supérieure à la production.

Cette augmentation de la demande vient de la croissance démographique, mais aussi de l'amélioration de la richesse moyenne. Dans les pays émergents, les gens sont plus riches, ils mangent mieux et c'est heureux. Mais la conjonction de la progression démographique et de l'élévation du niveau de vie aurait dû alerter.

Par ailleurs, depuis vingt ans environ les prix agricoles étaient plutôt déprimés. Pendant ces vingt ans, on a vécu dans l'illusion de l'abondance agricole, on a cru qu'il y aurait toujours des excédents. Les politiques ont donc plutôt été incités à faire n'importe quoi sauf de l'agriculture. Le maintien de cours trop bas a découragé l'investissement chez les producteurs.

Enfin, nous payons la guerre des subventions à laquelle on a assisté entre les Etats-Unis et l'Europe sur les céréales, par exemple. En outre, les pays en développement eux-mêmes n'ont pas cru devoir inscrire l'agriculture comme priorité, car leur approvisionnement était assuré à bas prix. Et puis il y a eu le démantèlement des ultimes politiques agricoles par les bailleurs de fonds, FMI en tête...

Bernard MARIS : Je suis d'accord avec Philippe sur l'histoire de la demande qui dépasse l'offre. Mais je voudrais apporter quelques précisions. D'abord, la forte pression de la demande des pays émergents est indiscutable : la Chine a plus que doublé la quantité de viande consommée par habitant en vingt ans. Or un kilo de viande nécessite 7 à 8 kilos de céréales. Le modèle occidental de consommation (l'obèse saturé de protéines et de graisses animales) s'est diffusé.

Il faut aussi parler de la pression des *hedge funds*, qui se reconvertissent dans les matières premières et les céréales après avoir créé la bulle immobilière des subprimes.

Par ailleurs, les pays émergents, Inde, Chine, Thaïlande, Vietnam, ont exercé une politique de stockage. La Chine, premier producteur mondial de riz, stocke. Le Vietnam, quatrième producteur mondial, stocke aussi, avec pour résultat une pression sur les prix. Même chose pour le blé, dont le prix a augmenté de 120 % en 2007. Plus généralement, entre 2005 et 2007, les prix des biens alimentaires ont augmenté, selon la Banque mondiale, de 83 %. Pour les trente pays d'Afrique qui consacrent 75 % de leur revenu à la nourriture, c'est une catastrophe.

P. CHALMIN : Et c'est parti pour durer. Historiquement, les flambées des prix étaient liées à des événements ponctuels, telle une sécheresse qui affectait les rendements. Ce n'est malheureusement pas le cas actuellement. Certes, dans un premier temps, les prix vont se détendre, grâce à l'augmentation prévue de l'offre. Mais dans les dix prochaines années au moins, les prix resteront élevés et surtout instables. Mais inutile de nous servir le couplet sur la spéculation financière. Celle-ci ne change rien à l'équilibre des prix à moyen terme et, pour des produits comme le riz, il n'y a même pas de marché financier.

B. DARD : Y a-t-il un rapport avec le développement des agrocarburants ? Le Premier ministre Gordon Brown propose dans le cadre du G7 d'examiner l'impact des biocarburants sur les prix alimentaires. En quoi cela joue-t-il ?

B. Maris : Effectivement, cela fait partie des phénomènes en cause. La pression des agrocarburants ou biocarburants se fait de plus en plus sentir : les Américains en sont à 80 millions de tonnes de maïs destinées à l'éthanol (ce qui est une catastrophe en termes d'eau et de pesticides), et ils prévoient de porter à 15 % d'éthanol leur consommation de carburant ! L'Europe veut atteindre 10 %. Or si l'on veut substituer seulement 5 % de biocarburants à l'essence ou au gazole, il faudra leur consacrer 15 % des surfaces d'après le FMI.

D'où la catastrophe Lula. Le Brésil, premier producteur d'éthanol – production financée évidemment par des capitaux européens et américains – arrache des forêts pour agrandir ses surfaces agricoles. Les éleveurs de bétail sont repoussés vers le Nord et l'Amazonie. Même des pays en déficit alimentaire, comme l'Indonésie et le Sénégal, s'y mettent ! Lula répond : « On ne peut pas reprocher aux pays émergents de bouffer et d'avoir des voitures. »

P. Chalmin : Les biocarburants jouent un rôle, mais secondaire. Donnons un ordre de grandeur : en gros, le monde produit 2,1 milliards de tonnes de céréales. Nous utilisons 100 millions de tonnes pour les biocarburants et c'est autant qui ne va pas dans l'alimentation. Mais ceci ne concerne pas les marchés du blé et du riz. Il s'agit pour l'essentiel de maïs. Cela représente une pression supplémentaire pour les agriculteurs américains à cultiver du maïs : du coup, ils cultivent moins de soja. Et on assiste à une flambée des prix du soja. Ce qui est intéressant, c'est que le premier pays importateur de soja est la Chine !

B. Dard : Mais pourquoi ces tensions sur les prix, alors que selon Jean Ziegler, le rapporteur de l'Onu pour le droit à l'alimentation, l'agriculture mondiale est capable de nourrir 12 milliards de personnes, soit le double de la population actuelle[1] ?

P. Chalmin : Je le voudrais bien, mais c'est faux : actuellement l'agriculture mondiale n'en est pas capable. Ziegler dit des conneries ! Nous pensons tous que le défi alimentaire est le défi majeur du siècle. Aujourd'hui, nous sommes 6,5 milliards d'habitants, avec 1 bon milliard qui ne mange pas à sa faim. En supposant une amélioration du niveau de vie et un passage par les protéines animales, il faut tabler sur un doublement des besoins agricoles d'ici à 2050 pour satisfaire les besoins de la planète.

Avez-vous lu la tribune libre dans *Libé* signée par Kouchner, Rama Yade et Jean-Pierre Jouyet ? Je suis

---

1. Déclaration à l'Assemblée générale de l'Onu, 25 octobre 2007.

sidéré de cette montée au créneau des hypocrites, de ces larmes de crocodile et de ces aveux tardifs et opportunistes[1]. Cela fait vingt ans que des gens comme moi prêchent dans le désert, vingt ans qu'on essaie de parler des problématiques agricoles et que ça n'intéresse personne...

Je suis atterré d'entendre Zoelick[2] dire à la Banque mondiale qu'il faut un *new deal* alimentaire. La Banque mondiale n'a rien fait, elle s'est contrefoutue pendant des années de la question. Stiglitz déplore cette situation dramatique, mais il a été *chief economist* à la Banque mondiale, et il n'a pas démissionné à l'époque.

J'ai un souvenir personnel cuisant : à la fin des années 1980, au moment de la guerre du cacao, je m'occupais alors un peu d'Afrique. Je me rappelle avoir essayé de défendre à Washington des organismes d'intervention sur les marchés dans des pays africains. Je me suis alors fait traiter de Français qui n'avait rien compris ! On connaît la suite : la grande vague de libéralisation et le consensus de Washington

---

1. Tribune du 11 avril 2008 dans *Libération*, « Faisons face aux émeutes de la faim » : « Derrière ces crises, il y a un choix politique. Depuis des années, les grandes puissances et les organisations internationales ont déserté le secteur pourtant vital du développement agricole. Il est plus que temps de réparer ces lacunes. Faut-il rappeler qu'en Afrique subsaharienne, l'agriculture continue d'occuper les deux tiers de la population active ? »

2. Robert Zoelick, président de la Banque mondiale.

sur les programmes d'ajustement structurel se sont traduits par le démantèlement des politiques agricoles.

B. Dard : Visiblement, certains ont su résister, comme l'Inde. Est-ce la raison pour laquelle celle-ci est épargnée par la crise alimentaire ?

P. Chalmin : Mais bien sûr ! Comment expliquez-vous que l'Inde soit aujourd'hui l'un des rares pays où il n'y ait pas d'émeutes ? Ce pays a su conserver sa politique agricole, au prix de critiques incessantes de nos si arrogantes institutions internationales.

Dans les années 1980 et 1990, la Banque mondiale et le FMI, confrontés au problème de la dette du tiers-monde, ont mis en place les plans d'ajustement structurel. C'était une médecine en général plutôt libérale qui a débouché sur la suppression de toutes les politiques agricoles, souvent héritées de la colonisation. L'accent était mis sur l'ouverture des marchés : « Vous n'avez pas d'avantages comparatifs à produire ? Ne vous inquiétez pas, vous importerez. » Il n'y a qu'un pays qui pouvait se permettre de faire un bras d'honneur aux institutions de Washington, c'est l'Inde, qui a toujours su maintenir une politique agricole contre vents et marées.

Nous ne sommes pas nombreux à pouvoir dire ce que je vous raconte : mais c'est vrai, je suis à la limite de l'écœurement lorsque je vois tous ces beaux esprits monter maintenant au créneau et nous dire : « Il va falloir encourager les ONG. » Non, ce n'est pas le job des ONG. Il faut passer par la remise en place de vraies politiques agricoles qui garantissent les prix aux producteurs.

B. Maris : C'est le « J'accuse » de Chalmin ! Un libéral qui dénonce la potion libérale infligée par les institutions de Washington pendant deux décennies ! Heureusement que certains pays ont su protéger leur secteur agricole. Voilà une illustration parfaite du protectionnisme éducateur cher à Friedrich List[1].

Une fois n'est pas coutume, je suis d'accord avec toi. C'est vrai : la Banque mondiale et le FMI, qui versent aujourd'hui des larmes de crocodile, ont ruiné par leurs plans d'ajustement structurel ces pays en favorisant des monocultures destinées à l'exportation et en dépeuplant les campagnes.

Les pays d'Afrique peuvent-ils aujourd'hui parvenir à l'autosuffisance ? C'est quasiment impossible. L'autosuffisance alimentaire se construit : elle a été construite par la PAC en Europe. Des pays, notamment

---

1. Economiste autrichien du XIXᵉ siècle et théoricien du protectionnisme éducateur : les pays notamment en voie de développement doivent sur un moyen terme protéger leur marché afin de développer leur propre savoir-faire et leurs propres produits sous peine d'être « dépassés » par des pays économiquement plus avancés.

la France, qui étaient déficitaires en termes de lait, de viande, de céréales, sont devenus structurellement excédentaires. L'autosuffisance se construit en portant atteinte au libéralisme, par des subventions directes ou indirectes (les agriculteurs ne payent pas l'eau par exemple), par des barrières douanières.

Comment l'Inde a-t-elle réussi à construire son autosuffisance alimentaire ? Grâce à l'agriculture intensive, aux engrais, aux semences sélectionnées, aux pesticides, à la mécanisation. La Chine, également, réussit à nourrir le quart ou presque de la planète avec seulement 7 % des terres cultivables. Comment ? Pesticides, engrais etc. Ce modèle agricole montre ses limites.

L'idéal serait de reconstruire une agriculture vivrière, respectueuse de l'environnement, tout en assurant la nourriture de la population par des importations à prix subventionnés. Pour cela, il faudrait contrôler au niveau mondial les prix des matières premières, comme des produits agricoles. Les pays riches pourraient créer un fonds assuranciel pour garantir les prix. Rêvons.

B. DARD : Et comment faire ? Qui paiera la facture de ces prix garantis ?

P. CHALMIN : Evidemment, cela signifie que l'on soit capable de financer les budgets. Pour faire produire les gens, il faut garantir les prix aux producteurs, et s'il n'y a pas de développement économique, le problème est de savoir qui sera capable de payer ces prix. Les consommateurs locaux n'ont pas le sou, et les contribuables, il n'y en a pas. Jusqu'ici la situation arrangeait tout le monde. Sans compter que l'aide au développement baisse de façon désormais constante pour atteindre cette année 103,7 milliards de dollars. Et on n'allège plus la dette de ces pays-là... Mais j'ose le dire, c'est de notre responsabilité d'assurer les prix !

B. MARIS : Ça, c'est fort ! M. Chalmin ouvre son chéquier : distribution d'argent tous azimuts ! Et si on commençait plutôt par supprimer les subventions astronomiques des pays riches à leur agriculture ? En 2006, les pays de l'OCDE ont versé 370 milliards de dollars de subventions (production et exportation) à leurs agriculteurs. Résultat : les agricultures vivrières ont été détruites par les importations largement subventionnées. Jacques Diouf a raison : « Comment comprendre que l'on ne puisse pas trouver 30 milliards de dollars pour permettre à 860 millions d'affamés de s'alimenter alors que les pays de l'OCDE consacrent chaque année 370 milliards à leur agriculture ?[1] » Et j'ajoute la phrase du jour, de Jacques

---

1. Discours du président de la FAO (Food and Agriculture Organization) au sommet alimentaire de Rome en juin 2008.

Chirac *himself* : « L'agriculture vivrière doit être protégée, n'ayons pas peur des mots, contre une concurrence débridée des produits d'importation[1]. » Venant du pape de l'agriculture productiviste, ça ne manque pas de sel !

B. Dard : Et ça ne va pas dans le bon sens : les Etats-Unis viennent de voter le *farm bill* (le budget agricole) pour les cinq ans à venir, une enveloppe de 289 milliards de dollars.

P. Chalmin : C'est désespérant ! Aucune inflexion dans leur politique. Les Etats-Unis font le contraire de ce qu'ils disent, notamment à Genève dans le cycle de Doha[2], où ils parlaient d'un désarmement agricole. On sait qu'aux Etats-Unis les négociateurs ou la Maison Blanche n'ont pas vraiment la main, c'est le Congrès qui décide. Celui-ci vient de voter la loi agricole la plus onéreuse de l'histoire, ce qui montre le poids du lobby agricole. Cela signifie que le cycle de Doha est mort : signer

---

1. « Crise alimentaire : des solutions existent », *Le Monde*, 16 avril 2008.
2. Le cycle de Doha (Qatar) fait partie des cycles de négociation multilatérale engagés sous l'égide de l'Organisation mondiale du commerce et qui ont pour but de libéraliser le commerce international (réduire les droits de douane, les subventions aux exportations). Le cycle de Doha engagé en 2001 et suspendu en 2006 a finalement été relancé en juillet 2008 mais sans aboutir pour l'instant à des résultats concrets.

quelque chose maintenant serait un jeu de dupes. Une nouvelle illustration du « faites ce que je dis mais ne faites pas ce que je fais » américain.

B. DARD : Que pensez-vous des engagements du Sommet de la FAO[1] de réduire de moitié les personnes souffrant de la faim d'ici à 2015[2] ?

P. CHALMIN : C'est ce qu'on appelle des vœux pieux. En 1996 déjà, l'ensemble des chefs d'Etat avaient fait de telles promesses. Dix ans plus tard, rien n'a changé : un habitant de la planète sur sept souffre toujours de la faim, autant qu'à l'époque. La FAO est du coup totalement décrédibilisée. Abu Dhabi vient de mettre 500 millions de dollars pour la faim sur la table mais refuse que la FAO gère cet argent. La Banque mondiale vient de mettre 1 milliard, mais il n'est pas question non plus de laisser la FAO gérer cela... Le président sénégalais Wade avait bien raison de proposer en urgence la suppression de la FAO ! Mais pour la remplacer par quoi ? Je ne crois pas au rêve de régulation mondiale défendue par Bernard. C'est à nous, et à nous seuls, de financer les politiques agricoles des pays pauvres.

---

1. Le sommet de la FAO (Food an Agricultural Organization) sur la crise alimentaire s'est tenu à Rome du 3 au 6 juin 2008.
2. AF-P, 5 juin 2008.

Grands pollueurs : le dumping climatique

Benjamin DARD : Pour faire plaisir à Bernard, interro surprise sur l'environnement aujourd'hui. En toile de fond, la troisième édition à Paris[1], à l'initiative des Etats-Unis, des MEM, les *Major Economies Meeting*. Il s'agit du G8 des grandes économies émergentes, Inde, Brésil, Chine, Afrique du Sud, Mexique, Corée du Sud et Australie, soit au total 80 % des émissions mondiales de GES. Rappelons que les Etats-Unis restent, mis à part les pays émergents, le dernier pays à ne pas avoir ratifié le protocole de Kyoto. Et toujours pas d'avancée de ce côté-là ?

Bernard MARIS : Non. Enfin, oui. Hier, George Bush a assigné aux Etats-Unis une limite à la croissance des émissions de GES pour 2025. Il ne s'agit pas du tout d'une réduction, mais d'une limitation. Comment ? En ne faisant rien et en espérant que les

---

1. 17 avril 2008.

progrès techniques permettront à l'économie américaine à partir de 2025 de stabiliser les émissions.

C'est un vieil argument libéral : la liberté favorise l'innovation. A cela, on répondra que la contrainte favorise encore plus l'innovation : les meilleurs, dans les nouvelles technologies de l'écologie, sont les Allemands, qui ont pris une longueur d'avance, et ce sont les entreprises allemandes qui font des progrès de productivité pour tenir compte des nouvelles contraintes écologiques à venir.

B. Dard : Vous parlez de normes : Paris et Berlin viennent de valider la directive européenne fixant les émissions de CO_2 à 120 g/km en 2012, et même entre 95 et 110 g/km à plus long terme[1]. Quelle conséquence économique cela entraîne-t-il ?

B. Maris : C'est très important car cela signifie qu'il n'y aura pas de dumping écologique entre les deux pays. On connaît bien le dumping fiscal (baisser les charges ou les impôts des entreprises au nom de la compétitivité, le dumping social (faire payer aux salariés la mondialisation), il existe une troisième forme de dumping : le dumping écologique. Il s'agit de faire payer à la nature le prix de la compétitivité, mais

---

1. Déclaration commune franco-allemande, 9 juin 2008.

comme la nature n'appartient à personne, c'est finalement tout le monde qui paye. Et si par malheur un pays est vertueux, c'est lui qui paye pour les autres.

Cette convergence franco-allemande est en tout cas une divine surprise : elle montre que l'Allemagne ne craint pas le défi écologique. Et pourtant, ce pays produit de puissantes berlines plus polluantes que les modèles français, et pourrait s'inquiéter que son industrie ait à supporter des charges plus lourdes. La norme écologique arrive : c'est la promesse d'un nouveau cycle d'innovation industrielle. C'est à nous, Européens, d'aller ensuite proposer aux pays émergents des entreprises « propres » clefs en main. C'est là que se joue selon moi la croissance des années à venir. La prochaine révolution économique, c'est la révolution des technologies vertes.

B. Dard : Les Etats-Unis n'ont-ils pas raison à court ou à moyen terme ? Ils refusent des contraintes que toutes les économies ne sont pas prêtes à assumer, comme celle de la Chine. Finalement, ne jouent-ils pas la carte du dumping climatique ?

Philippe Chalmin : Les Etats-Unis sont passés ces vingt dernières années de 4,5 à 6 milliards de tonnes de CO_2. Dans le même temps, la Chine est passée de 1,5 à 6. Elle aurait même dépassé de 14 % les Etats-Unis en terme d'émission de GES si l'on en croit une agence environnementale hollandaise[1]. Comme l'empire du Milieu n'est pas du tout disposé à jouer le jeu du développement économique propre, les Etats-Unis disent : « Commencez par dépolluer, on suivra ! »

Mais aujourd'hui les élections américaines se jouent sur la question environnementale. Même MacCain est susceptible de signer le protocole de Kyoto. Côté chinois, ce qui est intéressant, c'est que c'est nous qui finançons leur développement durable : on compte 1 200 mécanismes de développement propre[2] dans ce pays. La Chine est à l'origine d'un tiers des crédits carbone dans le monde et dans les cinq années qui viennent, cela signifie des flux financiers de l'ordre de 20 milliards de dollars vers ce pays[3]. C'est considérable.

---

1. Il s'agit de l'agence néerlandaise d'évaluation environnementale (PBL). Selon son enquête parue le 13 juin 2008 et basée sur les statistiques du groupe pétrolier BP et de l'industrie du ciment, la Chine arrive en tête des pays les plus pollueurs avec 24 % des émissions mondiales de CO_2, suivie par les Etats-Unis (21 %), l'UE à 15 (12 %), l'Inde (8 %) et la Russie (6 %).

2. Le MDP, préconisé par le protocole de Kyoto (1997), incite les pays industrialisés à réaliser des projets permettant de réduire, voire d'éviter ou de stocker les émissions de gaz à effet de serre dans les pays en développement. En contrepartie, ils reçoivent des crédits d'émissions dits crédits carbone qui peuvent être utilisés pour atteindre leurs propres objectifs d'émissions.

3. *La Tribune*, 12 avril 2008.

B. Maris : C'est effectivement une incitation forte à faire de l'usine propre. Même si les Chinois sont incapables de les fabriquer eux-mêmes. Je suis d'ailleurs d'accord avec Sarkozy – c'est rare – qui propose la mise en place d'un mécanisme « d'inclusion carbone » : les entreprises originaires de pays n'ayant pris aucun engagement international devront, si elles veulent exporter vers l'UE, acheter sur le marché les tonnes de CO_2 qu'a occasionnées la fabrication de leur produit. Voilà une réponse à la crainte du dumping climatique. C'est l'objet d'un autre consensus franco-allemand[1] qui sera donc traité par la présidence française de l'Union européenne.

B. Dard : Est-ce qu'il ne peut y avoir d'autres « contraintes » que la loi ?

B. Maris : En économie de marché, il n'y a pas de contraintes, mais des prix. Certes, l'envolée du prix du pétrole reste une grande chance pour les émissions de GES. Les camionneurs par exemple, dont on peut apprécier le comportement charmant sur les autoroutes, en sont à réduire d'eux-mêmes leur vitesse pour limiter leur consommation. Le fret ferroviaire, qui était à égalité avec la route dans les années 1960, va faire son retour.

---

1. Déclaration commune franco-allemande, 9 juin 2008.

Hélas, la hausse du prix du pétrole favorise, on l'a dit, les biocarburants. Or la production de biocarburants, qui explose véritablement depuis dix ans, renchérit le prix des céréales, qui à son tour fait exploser l'agriculture productiviste. On a le sentiment que rien ne peut arrêter la machine folle, et que la réunion de Paris aura produit une fois de plus du GES pour rien.

Représentativité : la révolution syndicale

Benjamin DARD : Un peu de social aujourd'hui : les sciences humaines, ça ne peut pas faire de mal. Les partenaires sociaux viennent de mettre au point de nouvelles règles de représentativité syndicale. Jusqu'ici, un arrêté[1] fixait à cinq le nombre d'organisations jugées représentatives. Mais c'est du passé. Désormais, seules les organisations ayant obtenu 10 % des voix aux élections professionnelles seront considérées comme représentatives. FO, la CFTC et la CGC ont refusé de signer ce texte. Mais la CFDT a dit oui, comme la CGT. La CGT qui sort son stylo, ce n'est pas commun : la dernière fois, c'était en 2003, sur la formation professionnelle !

---

1. C'est un arrêté du 31 mars 1966 qui a désigné les confédérations représentatives. Cinq organisations bénéficient ainsi depuis 1966 d'une présomption irréfragable de représentativité (que nul ne peut juridiquement contester) : elles sont d'emblée définies comme représentatives sans avoir à en fournir la preuve, quel que soit leur poids réel dans l'entreprise ou dans la branche.

Bernard MARIS : Première réaction : on retire à Jacques Marseille ou François de Closets[1] leur principal sujet d'indignation, le pouvoir de nuisance illégitime des syndicats ! Désormais, ils pourront continuer leur boulot de sape, mais au moins, ils seront représentatifs !

Sérieusement, c'est un tournant essentiel de l'histoire syndicale et du droit du travail en France. On va voir arriver des syndicats réformistes obligés de gérer la flex-sécurité. Le syndicat révolutionnaire qui doit se battre pour arracher des choses, c'est fini . place au syndicalisme de responsabilité et non plus seulement de conviction, pour reprendre le distinguo de Max Weber. Ce syndicalisme sera obligé de « s'entendre », de négocier avec le patronat.

C'en est fini sans doute aussi avec certaines organisations : le seuil de 10 % est en quelque sorte une prime aux gros. Ce n'est d'ailleurs pas un hasard si les petits syndicats sont vent debout : je suis allé consulter les résultats aux dernières élections aux comités d'entreprise en 2004 : CFE-CGC fait 6,3 %, CFTC 6,4 %, FO 12,6 %. Seules la CFDT – 20,3 % – et la CGT – 23,6 % – tirent vraiment leur épingle du jeu. Les syndicats seront obligés de se regrouper pour survivre, et faire campagne dans un pays où l'on ne compte que 8 % de salariés syndiqués.

---

1. Auteurs à succès, tous deux pourfendeurs du syndicalisme français.

D'ailleurs, l'une des explications de ce faible taux de syndicalisation, c'est que jusqu'ici, les accords se négociaient en haut, après une grande manifestation nationale entre la place de la République et celle de la Nation. Désormais, il faudra négocier. C'est la grande idée du gouvernement : obliger à négocier dans les petites boîtes. Et c'est aussi ce que craignent certains syndicats.

B. Dard : Mais qu'est-ce que cela va changer ?

Philippe Chalmin : Vous me connaissez, je n'aime pas les grands mots, mais nous sommes face à un texte historique. Songez d'où l'on vient : 1966, c'était la présomption irréfragable de représentativité... aujourd'hui la légitimité sera uniquement fondée sur l'élection. C'est un pas de géant.

C'est aussi un double pari. Pour aboutir à des accords voulus par le plus grand nombre – un accord ne pourra être valide qu'à condition d'être signé par des organisations représentant au moins 30 % des salariés –, les syndicats seront tenus à plus de responsabilité. Mais les patrons aussi devront être plus consensuels : ils ne pourront plus s'appuyer sur un syndicat ultraminoritaire pour faire passer un accord, comme cela se pratique encore largement aujourd'hui [1].

---

1. Loi Fillon du 4 mai 2004 : il suffit qu'un accord soit signé par une seule organisation pour qu'il s'applique, à moins d'être dénoncé par une majorité de syndicats représentatifs.

Rien ne permet de dire que l'on n'aura plus d'accords sous prétexte que ça sera négocié au niveau de l'entreprise. J'espère aussi que cela va favoriser le rapprochement ou la réduction du nombre de syndicats. La France fait figure d'exception : un des taux les plus bas de syndicalisation en Europe, conjugué à un émiettement syndical. Dans les pays du consensus, les pays adultes – Etats-Unis, Allemagne, Royaume-Uni –, il y a un syndicat par branche professionnelle, comme IG Metall dans la métallurgie, ou Verdi dans les services publics en Allemagne.

B. Maris : C'est sûr, cela va changer la donne syndicale en France, dans le sens d'une plus grande syndicalisation des personnels. Pourquoi ?

Demain, les choses se joueront au niveau de l'entreprise, et il faudra que les salariés s'impliquent. Aujourd'hui, les entreprises de moins de vingt salariés peuvent se passer de délégués syndicaux, ce ne sera plus le cas désormais. Ça va donc davantage discuter dans les boîtes. La négociation syndicale se fera à un niveau micro et non plus macro.

C'est aussi un défi côté syndical. Les gens qui négocient en entreprise sont moins rodés, ce sera peut-être le carnage. Lorsque les chefs d'entreprise diront aux salariés et à leurs représentants, moins familiers de la négociation, qu'« il va falloir négocier des accords d'entreprise sur le temps de travail, il va falloir renoncer aux 35 heures pour garder l'emploi », je suis prêt à prendre les paris, le bras de fer est perdu d'avance ! Il est quand même mille fois plus facile de manipuler les gens au niveau des entreprises. Je crains aussi que ces accords d'entreprise ne deviennent la norme.

P. CHALMIN : Ce texte est surtout une victoire des employeurs. Cela fait des lustres qu'ils demandent que la négociation se fasse d'abord au niveau de l'entreprise et que la branche professionnelle ou que le niveau national ne s'en mêlent pas. Ils réclament ça en fait depuis 2001 : Fillon avait alors cherché à imposer ce scénario.

Cela conduit aussi à un renversement de la hiérarchie des normes : la loi donne des droits, la branche ne peut donner que des droits plus favorables, de même que l'entreprise ne peut que donner des droits supérieurs à ceux prévus par la branche.

Le gouvernement a dégommé cette logique il y a quelques années, et depuis les employeurs n'ont de cesse que la négociation se fasse entreprise par entreprise.

Voici un exemple emblématique : avant, un délégué syndical pouvait être directement désigné par un syndicat, sans que qui que ce soit ait son mot à dire ; désormais, il devra être choisi parmi les élus. Cela va dans le sens d'une plus grande responsabilisation.

B. Maris : C'est vrai que le texte comporte des risques. Et pose pas mal de questions. Pour les élections aux comités d'entreprise, les syndicats présentent des délégués syndicaux ; comme il y a de nombreuses entreprises où personne ne se présente avec une étiquette syndicale au premier tour, n'importe quel salarié, sans étiquette, peut se présenter au second tour, plus ou moins guidé par l'employeur. Ainsi, la moitié des délégués syndicaux ne sont pas élus sur des listes syndicales... et dans les petites boîtes ce sont même les délégués du personnel qui jouent ce rôle. Le rapport de force, vous l'imaginez, est biaisé.

Il n'est donc pas surprenant que les employeurs poussent à la signature d'accords dans les entreprises. Le gouvernement a tôt fait de s'engouffrer dans cette brèche et ce texte sur la représentativité ouvre la voie. Le premier effet boomerang, c'est que le gouvernement propose maintenant de rediscuter entreprise par entreprise du temps de travail. C'était l'un des risques que comportait ce texte.

B. Dard : Mais alors, comment expliquer la signature de la CFDT et surtout celle de la CGT ? Ils se sont fait avoir, c'était un marché de dupes ?

B. Maris : Les deux grosses centrales, c'est sûr, rafleront la mise. Mais elles ont simplement fait de l'audience une priorité, sans mesurer les dégâts qu'elles causaient en acceptant de mettre la question du temps de travail sur la table. Certes, elles ont accepté que le contingent d'heures supplémentaires puisse être négocié au sein des entreprises, à titre expérimental, et sur la base d'un accord majoritaire des organisations syndicales. Mais pour le gouvernement, cette incise discrète était trop belle. Ils avaient une pression énorme pour caser la négociation sur la libéralisation du temps de travail.

P. Chalmin : Que va faire la CGT, qui n'a pas la réputation de signer souvent ? Va-t-elle se mettre à signer ? Est-ce que cela va durcir la négociation ? Est-ce que cela favorisera les candidats proches du patron dans les petites boîtes, manipulables à souhait et peu rodés à la négociation ?

Je connais beaucoup de chefs d'entreprise et de branche qui ont peur de cet accord : comme la CGT ne signe pas souvent ou impose des conditions impossibles à satisfaire, il ne restera peut-être qu'un signataire, la CFDT, et il faudra alors compter sur les autres, les petites chevilles ouvrières de la majorité.

B. Dard : La CFE-CGC, qui a refusé de signer ce texte, s'inquiète-t-elle de l'électoralisme ?

P. Chalmin : Mais est-ce un mal ? Les syndicats seront obligés de coller aux « intérêts » de leurs

« électeurs ». N'est-ce pas justement la voie d'un syndicalisme plus efficace, plus pragmatique, débarrassé de ses oripeaux idéologiques ? Aujourd'hui, lorsqu'un salarié a un problème, il se tourne d'abord vers l'inspection du travail – c'est-à-dire l'Etat – avant de s'adresser aux syndicats de son entreprise. Pour les organisations syndicales, le défi, c'est la professionnalisation : elles seront obligées de se recentrer sur des « services » aux salariés.

B. Maris : Il est certain que cela va favoriser les recompositions syndicales. C'est en cours, dans le cas de l'Unsa et de la CGC, qui vont faire un « mariage de raison », comme l'a dit une des têtes de ce syndicat. L'enjeu, pour l'Unsa, c'est de ne pas laisser la CFDT incarner le syndicalisme réformiste et croquer ses adhérents et ceux de la CFTC. Sinon, on risque d'assister à une bipolarisation du monde syndical. Du côté du pôle contestataire, la CGT tente de vider FO de ses adhérents.

Une chose est sûre : l'affaire UIMM, connue dans tous les ministères, n'est pas arrivée par hasard, alors que des réformes aussi importantes étaient sur la table ; de la même façon, le dossier représentativité a été jeté opportunément dans le jeu syndical au moment de la réforme des retraites. Les syndicats s'entredéchirent sur la représentativité, ce qui sera idéal pour faire passer l'allongement de la durée de cotisation ou bien la prise de contrôle des agences régionales de santé. Question : quelle sera la prochaine astuce pour détourner les syndicats des véritables débats ?

Retraites : c'est quarante et un ans ou rien !

Benjamin DARD : Passage obligé, la réforme des retraites. La principale mesure non négociable du gouvernement, c'est l'allongement de la durée de cotisation à 41 ans d'ici à 2012. Pour le ministre du Travail, ce serait la seule façon de sauver le régime de retraites par répartition. Preuves à l'appui[1] : si rien n'était entrepris, le déficit de la branche retraite – 2 milliards d'euros en 2006 – passerait à 15,1 milliards en 2015, puis à 24,8 milliards en 2030.

Bernard MARIS : Comme j'aime ces statistiques menaçantes et anxiogènes. Désolé, mais ça ne prend pas ! Je pense que le financement des retraites n'est pas un problème grave. Le regain de la natalité a surpris plus d'un cerveau de statisticien, plus d'une calculette de l'Insee, tout comme la forte immigration. Sans compter le taux de chômage qui baisse, au point

---

1. Selon le Conseil d'orientation des retraites (COR).

que l'on parle même du plein-emploi à l'horizon 2012. Ces données changeantes pourraient modifier les calculs.

Par ailleurs, on gagne actuellement en espérance de vie. C'est tant mieux. Mais celle-ci peut aussi baisser, ou tout au moins stagner, comme aux Etats-Unis. Ne jurons de rien.

La pédagogie du gouvernement consiste à nous dire : « circulez, y a rien à voir ». Ou comment dégoûter de l'économie toute une génération ! Le raisonnement est tellement logique – l'espérance de vie augmente, donc on doit cotiser plus longtemps – que les Français l'ont admis comme une fatalité.

Sauf que pour être logique, ce raisonnement n'en est pas moins inefficace : allonger la période de cotisation ne suffit pas à résorber le déficit de la CNAV[1]. Petit retour dans le passé : en 1993, Balladur fait passer la durée de cotisation de 37,5 à 40 ans et indexe le montant des retraites sur les vingt-cinq meilleures années de la carrière au lieu des dix meilleures années. En 2003, Fillon élargit le calcul aux fonctionnaires, et donne rendez-vous cinq ans plus tard pour évaluer les effets de sa réforme. Nous y voilà : un déficit de 4 à 5 milliards d'euros, des niveaux de pensions qui ont baissé de 30 %, des milliers de retraités sous le seuil de pauvreté. Bravo la solution !

---

1. Caisse nationale d'assurance vie.

Philippe CHALMIN : Comme j'aime ces discussions ! Avec Bernard, la France a raison contre le reste du monde. Partout en Europe, on augmente les durées de cotisation et on retarde l'âge de départ à la retraite ; mais en France, pas besoin, on est les plus forts. Je suis désolé, mon cher Bernard, mais il faudra bien passer à 41 ans, et à terme à 42 puis à 43 années de cotisation. A cause de l'allongement de la durée de vie et parce que c'est LA solution pour garantir la pérennité d'un système par répartition !

Pardon de revenir à l'histoire, mais c'est éclairant. La France a choisi au lendemain de la guerre un système par répartition géré par les partenaires sociaux : les cotisations des actifs payent les retraites des inactifs. Si vous envisagez une fiscalisation de la Sécurité sociale à l'allemande, alors toutes les options sont ouvertes : l'impôt finance la retraite. Mais alors, ce ne sont plus les syndicats et le patronat qui s'occupent du régime, c'est l'Etat et le gouvernement qui décident et peuvent, par exemple, augmenter d'un point de TVA pour financer les retraites.

Ce n'est pas l'option française : à partir du moment où l'on a choisi le dialogue entre le patronat et les syndicats, on ne peut guère sortir de ce triangle incommode : durée, niveau de cotisation et niveau des pensions.

B. Dard : Mais pourquoi alors feindre d'en débattre si tout est inscrit d'avance ? Pourquoi ne pas évoquer les autres pistes ? Et s'il s'agit, comme vous le dites si justement, d'une gestion paritaire, pourquoi le gouvernement a-t-il la main sur les débats ?

B. Maris : C'est la pensée unique des années 1990 : on ne jure que par une formule. Le chômage baisse, le régime d'assurance chômage redevient bénéficiaire et a donc moins besoin de rentrées financières. Ce serait l'occasion rêvée d'opérer un basculement : on augmente les cotisations retraites et en contrepartie on baisse les cotisations chômage en proportion équivalente. D'ailleurs, la moitié du chemin est fait : selon François Chérèque, une telle opération permettrait d'assurer 40 % du financement pour équilibrer les comptes en 2012.

Autre piste : même la Cour des comptes – et son très raisonnable patron Philippe Seguin (qui, soit dit en passant, fait aussi partie de la commission de garantie consultée sur les retraites) – recommandait d'étudier la taxation des stock-options : leur exonération représenterait un manque à gagner de 3 milliards d'euros, qu'il convient de rapporter aux 4,6 milliards d'euros de déficit de la CNAV en 2006. Voilà de quoi adoucir la « potion » de l'allongement des cotisations.

Enfin, pourquoi ne pas valider les années d'études des jeunes de plus de 18 ans et les inclure dans le calcul des retraites ? Evidemment, la contrepartie serait une cotisation symbolique. Une génération aujourd'hui représente 800 000 personnes : cela fait du monde et élargit l'assiette. Les jeunes entrent désormais à 26 ans sur le marché du travail. Selon le Conseil d'orientation des retraites, 60 % de la génération née en 1970 étaient déjà assurés à 30 ans de ne pas pouvoir partir avec une retraite à taux plein à 60 ans.

En fait, je suis consterné par l'absence de débat qui accompagne ce nouveau rendez-vous sur les retraites.

P. Chalmin : Le seul sujet, c'est de se demander comment travailler l'équivalent de 41 annuités. Aujourd'hui, seuls 38 % des 55-65 ans exercent une activité professionnelle alors que la moyenne européenne est de 42,5 %. Il y a à cela deux explications : l'abus de préretraite, mauvaise habitude française, qui aurait accoutumé entreprises et salariés à partir tôt ; un consensus social tacite sur le fait que le chômage des jeunes est dû au maintien en activité des vieux.

Ce qui m'inquiète, c'est moins le niveau que la progression : l'emploi des seniors n'augmente pas d'un iota, et ce ne sont pas les mesures du gouvernement Villepin qui ont renversé la tendance. En 2006, les partenaires sociaux et le gouvernement Villepin avaient créé un « CDD senior » pour les plus de 57 ans. 20 CDD seniors en tout et pour tout ont été signés depuis août 2006[1]. Une misère !

B. Dard : Cette fois, on passe à un système de bonus-malus : les entreprises qui ne négocieront pas des objectifs chiffrés d'emplois de seniors d'ici à 2010 pourront être sanctionnées, en payant des cotisations retraite supplémentaires.

B. Maris : Et elles paieront ! Comme pour les quotas de personnes handicapées. Une entreprise sur deux ne remplit pas ses objectifs en matière d'emploi des personnes handicapées[2]. Pourquoi cette échéance ? Pourquoi ne pas appliquer cette mesure dès 2009, comme le sera celle de l'allongement de la durée de cotisation d'un trimestre ?

Bien sûr, on note quelques évolutions : mais on est plus dans l'effort pour maintenir dans l'emploi des seniors que dans la volonté d'en recruter. Selon une étude de l'APEC[3], les cols blancs de plus de 50 ans ont intégré la nécessité d'allonger leur vie professionnelle. En 2003, seuls 4 cadres sur 10 étaient encore en

---

1. D'après le ministre du Travail, sur France Inter, le 22 octobre 2007.

2. Selon les chiffres de l'AGEFIPH, Association de gestion du fonds pour l'insertion professionnelle des personnes handicapées.

3. 23 avril 2008.

activité au moment de liquider leur droit à la retraite. Aujourd'hui, ils sont plus de 6 sur 10. Dans ces conditions, la suppression de la dispense de recherche d'emploi, la fameuse DRE, sera, selon l'APEC, une incitation supplémentaire pour rester dans le coup. Mais quid des autres ? Comment ne pas envisager que la suppression de la DRE va grossir les rangs des chômeurs en fin de droits ? L'APEC précise quand même qu'il faut prendre garde à ne pas raccourcir la durée d'indemnisation chômage, un temps nécessaire pour « se restructurer ». Un message à écouter au moment de la remise à plat de l'assurance chômage. A bon entendeur, salut !

Or noir, heures noires

Benjamin DARD : Jusqu'où ne montera-t-il pas ? Le baril de pétrole va de record en record. Faut-il s'attendre à une détente sur les marchés ? Ou l'or noir est-il orienté durablement à la hausse ?

Philippe CHALMIN : Premier constat, nous nous sommes tous plantés, et moi le premier. Dans mes prévisions sur le pétrole au mois de janvier 2008, je donnais un prix moyen de 80 dollars sur l'année, ce qui était déjà élevé, et je disais « tout est possible entre 60 et 120 dollars ». Mais il est vrai qu'il y a tellement d'éléments que nous ne maîtrisons pas.

Bernard MARIS : Penses-tu parfois à tous ceux que tu as ruinés ? Oiseau de malheur ! Et Benjamin qui ose encore te demander ton avis sur les tendances à venir... Quelle audace !

B. Dard : Mais qu'avez-vous « sous-estimé » ?

P. Chalmin : Nous avons en fait surestimé les conséquences que pourraient avoir les prix élevés sur la demande. Force est de constater que, même au-delà de 120 dollars le baril, il n'y a aucun ralentissement de la demande, le monde continue grossièrement à consommer tout ce qu'il peut pomper.

Il n'y a aucune marge de manœuvre. Il suffit du moindre petit accident. En mai, des guérillas ont éclaté dans une province du Nigeria où l'on produit 150 000 barils par jour (sur 86 millions dans le monde) : la Shell a dû fermer son oléoduc. Conséquence, on perd 150 000 barils, et cela a une répercussion immédiate sur les prix.

B. Maris : Allez, fais-nous rire : un petit exercice de spéculation...

P. Chalmin : Tout est imaginable entre 80 et 150 dollars le baril. Mais je pèse mes mots. Nous avons dépassé en juin les 140 dollars, alors qu'il ne se passait rien de majeur sur le plan géopolitique et climatique. Mais imaginez demain qu'une vague de cyclones – même moins puissants que Katrina – dans le golfe du Mexique oblige à fermer des capacités de production en *off shore* aux Etats-Unis. C'est sûr, nous passerons la barre des 150 dollars. Certains analystes, comme Morgan Stanley, qui fait autorité sur le marché puisqu'il avait anticipé un pic du baril à la fin du troisième trimestre 2007, parlent même d'un baril à 200 dollars !

B. Dard : Mais comment expliquer aujourd'hui cette flambée des prix alors que les économies américaine et européenne tournent au ralenti ? On pouvait imaginer que la dégradation de la conjoncture entraînerait une baisse de la demande, notamment aux Etats-Unis, gros consommateur ?

P. Chalmin : Bien sûr. Sauf qu'aujourd'hui, la dynamique de la demande vient des pays émergents. Songez qu'à 120 dollars le baril, la demande chinoise continue d'augmenter de 4,5 %. C'est vertigineux. A ces prix-là, même si l'Agence internationale de l'énergie a réduit ses perspectives de croissance – 1,1 % de hausse tout de même pour 2009 –, il y a encore une augmentation de la demande, et l'offre a du mal à suivre.

B. Dard : Le G8[1] réclame une augmentation de la production. Les producteurs, eux, rejettent une explication

---

1. Le G8 est un groupe de concertation créé en 1975 et qui réunit chaque année les huit plus grandes puissances économiques du monde : les Etats-Unis, le Japon, l'Allemagne, le

basée sur le déséquilibre entre l'offre et la demande : selon eux, le marché est correctement approvisionné. D'ailleurs, la décision des Saoudiens d'augmenter leur production de 200 000 barils par jour n'a rien changé à l'affaire, au contraire : dans la foulée, le pétrole prenait 4 dollars, pour tutoyer les 140 dollars[1]. Ne faut-il pas admettre le rôle de la spéculation sur les cours ? Souvenez-vous du Vendredi noir, le 6 juin 2008, lorsque le baril a bondi en une séance de presque 11 dollars ? Du jamais-vu !

P. CHALMIN : C'est vrai, le pétrole est utilisé comme une protection contre le dollar faible, une sorte d'abri-refuge contre l'inflation et la récession. Sans compter que les spéculateurs surréagissent à tous les incidents et déclarations hasardeuses.

Les propos de Shaoul Mofaz, candidat au poste de Premier ministre en Israël, par exemple, ont été dévastateurs : Israël, a-t-il dit, sera contraint d'attaquer l'Iran si ce dernier n'abandonne pas son programme nucléaire. Or l'Iran est un producteur majeur ; la crainte que ce pays puisse interrompre sa production a immédiatement agité les marchés.

Royaume-Uni, la France, l'Italie, le Canada, et la Russie. La France plaide pour élargir le G8 à la Chine, l'Inde, le Brésil, le Mexique et l'Afrique du Sud. Ce qui deviendrait le G13.

1. AF-P, dimanche 15 juin 2008.

Pour le reste, la spéculation, ce n'est que l'écume sur la vague. Certes, la volatilité des cours est exacerbée par les marchés dérivés [1], mais on est face à une tendance lourde : un contrat sur une vente de pétrole à l'horizon 2016 s'échange déjà à près de 140 dollars !

B. DARD : A la suite de sa réunion de crise à Jeddah en Arabie Saoudite [2], l'Opep a choisi de ne surtout rien faire : un choix qui contraste avec l'attitude des Saoudiens.

P. CHALMIN : En effet, les Saoudiens s'inquiètent des contrecoups des prix actuels. Des prix trop élevés peuvent entraîner une récession, et donc une baisse de la demande, et par conséquent un contre-choc pétrolier. Ajoutons à cela le fait que les Saoudiens sont désormais parties prenantes au développement de nos économies, le royaume ayant placé des milliards de dollars dans nos entreprises, ils redoutent les effets d'une crise occidentale sur leurs propres intérêts.

---

1. Les marchés dérivés sont des marchés sur lesquels on achète non pas directement un produit, mais des possibilités d'achat ou de vente à un terme différé, dans des conditions plus ou moins strictes prédéfinies. Par exemple, un produit dérivé du pétrole peut consister en l'achat du droit d'acheter, le 5 décembre prochain, 1 000 000 de barils de pétrole, à tel prix du baril.
2. 22 juin 2008.

Pour autant, la décision de l'Opep de ne rien faire montre que la crainte des Saoudiens n'est pas partagée, que le contre-choc n'est pas pour demain, que le pétrole est durablement orienté à la hausse et surtout que l'Opep est politiquement paralysée.

B. Dard : On a l'impression que nos économies semblent moins sensibles à ces hausses brusques du prix du baril. En avril 1980, le baril était monté jusqu'à 101,70 dollars d'aujourd'hui, et cela avait créé un choc économique. En quoi la situation actuelle est-elle différente ?

B. Maris : A l'époque, la ponction était beaucoup plus forte, de l'ordre de 1 à 1,5 % du PIB. Aujourd'hui, le pétrole représente une part encore faible dans les coûts de transport, ce qui fait d'ailleurs que la mondialisation est possible – son rôle est dérisoire dans le prix total des marchandises. Le prix n'est donc pas encore assez élevé pour produire un choc.

Mais à 200 dollars le baril demain, les coûts des transports seront si élevés que bien des délocalisations ne seront plus rentables. Il y aura des répercussions dans l'équilibre économique mondial : peut-être les Etats-Unis commerceront-ils davantage avec l'Amérique du Sud, le Japon avec la Chine. Il y aura sans doute des relocalisations industrielles...

B. Dard : A partir de combien de dollars le baril se produira le choc pétrolier ?

B. Maris : A 150-200 dollars, on commencera peut-être à réfléchir.

P. Chalmin : Tous les 10 dollars, on disait : le choc, il viendra dans 10 dollars !

B. Dard : Sauf que nous n'avons jamais été aussi conscients des limites des ressources : on estime les réserves de pétrole à 1 000 milliards de barils, soit quarante ans de réserves.

P. Chalmin : Autant d'estimations biaisées. Ces réserves ont été calculées avec les rêves les plus fous d'un baril autour de 30 à 40 dollars... Le monde est très différent avec un pétrole durablement au-dessus de 100 dollars. Il y aura davantage de réserves parce que l'on saura forer plus profond et plus loin. La flambée des cours relance la ruée vers l'or noir même en France. Dans le Jura, on relance la prospection...
Tout cela sans compter les processus de substitution, à l'œuvre en ce moment même. Je fais le pari que, à la fin de ce siècle, il y aura toujours du pétrole parce qu'il aura coûté tellement cher que nous aurons appris à ne plus l'utiliser.

Acceptons l'idée qu'un pétrole à 120, 130 ou 140 dollars le baril est un cadeau des marchés pour la sagesse des hommes.

B. Maris : Alléluia, frère Philippe !

Les fonds souverains : ni anges ni démons...

Benjamin DARD : Une première ! Christine Lagarde a reçu un rapport sur les fonds souverains, ces investisseurs étatiques qui prennent des parts dans des entreprises étrangères. Les fonds d'Etat arabes, chinois, russes sont désormais incontournables sur la scène financière internationale. Pour la ministre, ils représentent une chance pour l'économie française. Bernard, comment ces fonds, qui représentaient 3 000 milliards en 2007 – 12 000 à 15 000 milliards en 2015 [1] –, se sont-ils constitués ?

Bernard MARIS : On peut citer dans l'ordre les fonds d'Abu Dhabi, de la Norvège, de Singapour, du Koweït, de la Russie et de la Chine. Un fonds souverain, c'est un fonds qui dispose d'une masse d'argent liée à une puissance publique. Il provient d'une rente,

---

1. Alain Demarolle, « Rapport sur les fonds souverains », 22 mai 2008.

le plus souvent pétrolière ou gazière. Qu'en fait l'Etat ? Veut-il simplement placer son argent ou a-t-il des visées géostratégiques ? Dans ce dernier cas, les fonds souverains peuvent représenter un risque.

B. Dard : Ils ont jusqu'ici montré qu'ils étaient utiles : en tout cas, ils ont sans doute limité la casse dans la crise des subprimes.

B. Maris : Effectivement, les liquidités abondantes de ces fonds, issus soit des pétrodollars (monarchies pétrolières) soit d'excédents de change (la Chine, la Russie), ont aidé à recapitaliser des institutions financières mal en point, voire à éviter le tant redouté *credit crunch* ! Citigroup a été sauvé par un fonds de placement d'Abu Dhabi, Morgan Stanley et UBS par le fonds chinois CIC (China Investment Corp), Merrill Lynch a été secouru par le fonds singapourien. Au plus fort de la crise des subprimes, on aurait pu titrer « Les fonds souverains au chevet des banques occidentales ».

Ces fonds, notamment ceux du Golfe, savent que leurs intérêts dépendent étroitement de la stabilité du système financier international : si le dollar baisse, ils perdent en revenus puisque le pétrole est libellé dans cette monnaie, et lorsque le dollar baisse, les spéculateurs ont tendance à chercher refuge dans les cours du pétrole, du coup à les faire grimper. Pétrole et dollar ont des destins intimement liés, et les monarchies pétrolières ont tout intérêt à ce que ces destins ne soient pas contradictoires...

Philippe CHALMIN : Le débat n'est pas nouveau : dans les années 1970, la question de l'utilisation des pétrodollars se posait. Ce n'est pas un hasard puisque c'est à cette époque que sont nés certains fonds souverains comme celui du Koweït [1]. Avec un but assumé : investir les recettes des ventes de pétrole pour les faire fructifier et constituer une garantie lorsque les revenus des hydrocarbures cesseront.

B. DARD : Vous ne parlez que des fonds du Golfe, mais les fonds chinois ou russes sont apparus depuis.

P. CHALMIN : C'est vrai, tous ces fonds n'ont pas la même stratégie. Il y a les fonds classiques d'investissement comme celui de la Norvège, par exemple. Constitutionnellement, le NGPF [2], alimenté par la rente pétrolière, est destiné au financement des retraites et place au mieux, avec des considérations éthiques. Notons que c'est quand même le premier investisseur du CAC 40, avec 5 milliards de dollars placés [3].

---

1. Les fonds souverains du Koweït ou même d'Arabie Saoudite sont antérieurs et ont été créés dès les années 1950.
2. Norwegian Government Pension Fund.
3. *Les Echos*, 30 mai 2008.

Ensuite, vous avez les fonds du Golfe. Leur ambition est très pragmatique : il s'agit de placer l'argent des pétrodollars au mieux pour préparer l'après-pétrole.

Enfin, certains fonds portent des intentions géopolitiques évidentes : le fonds chinois a financé la montée en puissance des Chinois au capital de Rio Tinto ou de BHP – les plus grands mineurs mondiaux – afin d'éviter la naissance d'un géant capable d'imposer des augmentations, des prix du minerai de fer. Or il s'agit d'une matière première indispensable pour soutenir la croissance explosive du pays. Il est tout aussi clair que lorsque la Russie, *via* son bras armé le FGF[1], entre au capital de Blackstone ou d'EADS, c'est dans un but de captation technologique et de savoir-faire.

B. Dard : Les fonds souverains peuvent donc inquiéter. Les autorités américaines n'ont-elles pas refusé aux fonds de Dubaï de racheter des installations portuaires ?

P. Chalmin : Ce n'était pas un fonds souverain, mais une société publique. Tout comme les tentatives d'acquisition de UNOCAL (Union Oil Company of California) par CNOOC (China National Offshore Oil

---

1. Future Generation Fund, alimenté par la rente pétrolière et gazière et par les réserves de change.

Company) ou bien les rumeurs d'offres de Gazprom sur Centrica. Chaque fois, ces prises de contrôle étaient le fait d'entreprises publiques et non de fonds souverains.

B. Dard : Mais en quoi sont-ils nécessaires ?

P. Chalmin : Les entreprises ont besoin d'investisseurs de long terme et ces fonds offrent une stabilité actionnariale. Qui plus est, ils ne « violent » pas ces entreprises, ce sont les entreprises qui viennent les chercher : c'est le cas d'EADS, détenu à 3 % par Dubaï International Capital, de Lagardère, détenu à 5 % par le Qatar Investment Authority, ou même de Total dans lequel Safe est entré à hauteur de 1 %. Total a d'ailleurs déclaré être en contact avec des pays du Golfe pour faire entrer d'autres fonds au capital de l'entreprise[1].

B. Maris : Ne soyons pas non plus naïfs. Ces fonds souverains signent le retour des Etats dans l'économie, et même dans la guerre économique. Cet intérêt est évidemment plein de sous-entendus.

La France se veut encore plus accueillante, mais elle l'est déjà beaucoup. C'est d'ailleurs ce que souligne le

---
1. *L'Usine nouvelle*, 23 mai 2008.

rapport Demarolle : les investisseurs étrangers détiennent 47 % de la capitalisation du CAC 40, contre 52 % en Allemagne pour le DAX 30, et 40 % pour l'ensemble de la Bourse britannique, pourtant le chantre du libéralisme économique. Contrairement aux idées reçues, notre législation est visiblement très « permissive » : on compte onze secteurs (sept dans le domaine de la sécurité publique, quatre dans celui de la défense) où l'autorisation de Bercy est nécessaire. Pour le reste, aucune limitation n'est prévue, à part dans les médias et dans les télécoms où le seuil maximal est de 20 % du capital.

La France est ainsi mieux classée en termes d'ouverture aux investissements étrangers que les Etats-Unis, le Japon ou même le Canada ! Trêve de candeur, exigeons d'abord la réciprocité de ces pays, aujourd'hui totalement opaques.

Surtout, faisons de la Caisse des dépôts et consignations un bras armé de l'Etat français, un fonds souverain capable de jouer un rôle offensif comme défensif. Même si la CDC gère des clopinettes – 13,7 milliards d'euros d'actifs – au regard des montants des autres fonds étrangers tels que le KIA[1] et ses 213 milliards de dollars. Ce pourrait être le cas aussi du fonds de réserve pour les retraites (FFR), qui détient 33 milliards d'euros.

---

1. Kuweit Investment Authority.

Les banques alimentent-elles la faim ?

Benjamin DARD : Revenons sur cette polémique qui a secoué le monde bancaire. Le banquier-assureur belge KBC a proposé en début d'année 2008 à ses clients une assurance vie dont les rendements dépendaient du cours des matières premières comme le cacao, le blé ou le maïs. Le slogan de la banque était cash – « tirez profit de la hausse des denrées alimentaires ! » – et a été jugé plus que déplacé dans le contexte de la flambée des prix et surtout de la hausse des denrées alimentaires. Chez KBC, on explique qu'il n'y a rien d'anormal à cela : la banque, comme beaucoup d'autres, ne ferait que tirer profit du marché et cela n'aurait pas d'impact sur la hausse des prix.

Philippe, est-ce une pratique courante ? Quelle forme cela prend-il ? On parle de 140 fonds similaires qui auraient lancé en Europe ce genre de produits. Surtout, quel est l'impact de cette spéculation sur la hausse des prix agricoles ?

Philippe CHALMIN : On ne peut être que surpris par cette sorte de prurit moral, dans la mesure où c'est sur les produits agricoles que tout a commencé en matière de marchés financiers modernes. Les premiers marchés à terme, les premiers marchés dérivés, concernaient les matières agricoles, à Chicago au XIXe siècle. Cela fait presque deux siècles qu'il y a des spéculateurs – appelons un chat un chat – qui prennent des positions à la hausse ou à la baisse sur l'évolution des matières agricoles.

B. DARD : Vous ne répondez pas à ma question : est-ce que cela a un impact sur la hausse des prix des matières agricoles ?

P. CHALMIN . Rigoureusement aucun. Ce qui fait varier les prix, c'est la demande – l'évolution démographique – et l'offre – liée aux problèmes climatiques. Si les prix ont flambé, c'est qu'il y a eu par exemple des sécheresses en Australie. Les spéculateurs sont nécessaires parce qu'ils apportent de la liquidité aux marchés. Il existe aussi des marchés où il n'y a que du physique : sur le marché du riz, par exemple, dont le prix a quadruplé ces six derniers mois, il n'y a pas de spéculation financière.

B. DARD : On a quand même du mal à croire qu'il n'y a aucun impact.

Bernard MARIS : Il y en a un. Avec tout le respect que je dois à Philippe Chalmin, je voudrais corriger quelques points de sa démonstration. Il est vrai que les premiers marchés assuranciels de Chicago ont parié sur l'évolution des produits, ce que l'on a appelé les *futures*. Cela a ensuite donné les marchés dérivés. Mais les marchés à Chicago représentaient un millième du produit intérieur brut mondial, alors qu'aujourd'hui les marchés dérivés représentent quatre à cinq fois le PIB mondial. Ce n'est plus la même sphère. Les spéculateurs n'apportent pas de liquidités, ce sont les banques qui le font. Ils jouent entre deux variations de prix, ils parient, ils jouent à la hausse ou à la baisse. Et, bien entendu, c'est un facteur d'aggravation.

P. CHALMIN : L'arrivée sur les marchés des commodités des fonds de pension et autres investisseurs institutionnels a certes augmenté la volatilité et ajouté une dose d'exubérance irrationnelle. Mais la spéculation n'est que – selon mon expression favorite – l'écume sur la vague, ce n'est pas elle qui fait la vague. La preuve, c'est que la hausse est tout aussi importante, voire plus, sur les produits où il n'y a pas de spéculation, comme l'acier, le charbon ou, je l'ai dit, le riz.

B. MARIS : J'entends bien. Mais sur les marchés dérivés, la spéculation est catastrophique.

P. Chalmin : Non, elle est nécessaire, parce qu'il y a besoin d'une très grande liquidité.

B. Maris : Ce n'est pas vrai. Vous n'avez pas besoin de spéculation sur les marchés d'options ou sur les marchés de valeurs boursières.

P. Chalmin : Sur les marchés de *futures*, vous avez absolument besoin de spéculateurs, vous ne pouvez pas fonctionner uniquement entre professionnels.

B. Dard : Vous n'êtes pas d'accord sur l'impact, mais est-ce qu'il y a des limites à la spéculation ?

B. Maris : Là, je suis d'accord avec Philippe, il n'y en a aucune ! Si un jour l'eau devient rare, ils spéculeront sur l'eau. « Ils vendront jusqu'à la corde pour les pendre », disait Lénine. Pour l'instant, ils spéculent sur le pétrole, ils spéculeront sur n'importe quoi. Le spéculateur n'a aucune morale ; il est là pour faire de l'argent. Même si son activité a, elle, des incidences morales.

P. Chalmin : Bernard a raison. La seule manière de supprimer la spéculation, c'est de stabiliser les prix, car dans un univers stable, il n'est pas besoin de spéculer. Dans la situation actuelle, il faut entendre le message du marché : la rareté.

B. Maris : Comment stabiliser les prix ? Par la parité fixe des monnaies. Autrefois, il y avait une grande spéculation sur les monnaies, qui n'existe plus à l'intérieur de la zone euro. Un tas de spéculateurs ont ainsi vu leur bifteck disparaître, et ils sont partis sur d'autres marchés. Et c'est ce qui est en train de se passer sur les matières premières.

P. Chalmin : N'oublions pas que les spéculateurs, c'est tout le monde : les fonds de retraite, etc.

B. Maris : C'est une généralisation abusive que de dire cela. Ce n'est pas parce que l'on achète quelque chose ou que l'on place de l'argent que l'on devient spéculateur.

P. Chalmin : Eh bien, sachez que le fonds de retraite français a mis de l'argent sur les matières premières, parmi lesquelles figurent certainement des produits agricoles.

B. Dard : Il semblerait que les banques couperaient leurs positions sur ces produits indexés sur les produits agricoles tant elles craignent d'être mises en cause.

P. Chalmin : Je comprends très bien qu'un certain nombre de personnes puissent être choquées que l'on spécule sur des produits indispensables à l'humanité – et le blé, contrairement au pétrole, c'est symbolique. Cela étant, on n'a jamais réussi à stabiliser ces marchés au niveau mondial et on a besoin de la spéculation.

B. Maris : Un certain nombre de fonds éthiques cherchent pourtant à éliminer dans leurs placements des marchés comme celui des armes.

B. Dard : Que penser de l'initiative du ministre indien des Finances, Palaniappan Chidambaram – un économiste brillant qui a fait ses classes à Harvard –, qui a proposé d'interdire les produits dérivés, les *futures*, sur les produits alimentaires indiens[1] ?

B. Maris : Ce n'est pas une première. Les Etats-Unis avaient pris de telles mesures dans les années 1930[2]. Le Congrès avait tout simplement interdit ce genre de spéculation et deux lois avaient même scellé le sort de ces produits dérivés sur la nourriture, très développés à la fin du XIXe siècle. Cette interdiction a été levée en 1970. Autant je suis d'accord pour que les marchés orientent les prix alimentaires sur le long terme, autant je suis opposé aux marchés spéculatifs qui jouent avec la nourriture.

---

1. 5 mai 2008.
2. Christian Chavagneux, *Alternatives Eco*, 6 mai 2008.

P. Chalmin : C'est totalement irréaliste. D'ailleurs, l'échec a été total lorsque le gouvernement indien a banni l'an dernier les marchés à terme, sur le riz et sur le blé. Echec total.

Surtout, le ministre en question a déclaré : « A tort ou à raison, la population pense que la spéculation fait grimper les prix. Nous ne pouvons pas ignorer ce sentiment. » Tout est dit, on est dans le symbolique. C'est le Parti communiste indien, allié dans la coalition, qui exige ces mesures contre les spéculateurs, responsables selon eux de la flambée des prix et de l'inflation.

Tout flambe, même le prix des grands crus. Le *Financial Times* en a d'ailleurs fait sa une[1] : la caisse de château-lafite Rothschild 2005 se négocie à Hong Kong à 12 000 euros, juste trois fois plus qu'il y a deux ans ! Même chose pour la romanée-conti. Une collection vient de se vendre à plus de 500 000 dollars à un amateur chinois. La cause en est la même que pour les autres denrées alimentaires : la production ne suit pas, parce que la terre n'est pas extensible.

---

1. *Financial Times*, 19 avril 2008, « *Asia's thirst for fine wine delivers vintage days for export merchants* ».

Les 35 heures : le coup de grâce

Benjamin DARD : Je ne compte plus le nombre de fois où l'on a annoncé la fin des 35 heures. Xavier Bertrand rouvre ce débat : il propose de nouveaux assouplissements à la réduction du temps de travail : les entreprises pourront désormais librement aménager le temps de travail sur l'année, fixer le contingent d'heures supplémentaires ou encore le repos compensateur. Pour les syndicats, ces dispositions signent la fin des 35 heures. Pour le ministre du Travail au contraire, la durée légale reste 35 heures : « Si les salariés sont aux 35 heures et que cela leur convient, ils pourront y rester, si cela les bloque, ils pourront travailler davantage [1]. » Les salariés auront-ils vraiment la liberté de rester aux 35 heures ?

---

1. Xavier Bertrand devant l'Association des journalistes de l'information sociale (AJIS), 29 mai 2008.

Bernard MARIS : Il faut arrêter une fois pour toutes avec l'idée que ce sont les salariés qui décident de leur durée de travail. Non, ils ne décident pas, ce n'était pas le cas avec les heures supplémentaires de la loi TEPA, ce ne sera pas le cas non plus avec ce projet de loi et je ne suis même pas certain que ce sera le chef d'entreprise qui décidera.

On est dans un monde de plus en plus compétitif, où les petites entreprises se font énormément concurrence. Si une entreprise négocie et va très loin dans la flexibilité, ce sera à son concurrent de s'aligner sur le moins-disant social : il ne pourra pas rester aux 35 heures pour des raisons de compétitivité.

B. DARD : Une course à l'augmentation du temps de travail, en quelque sorte, avec en toile de fond un risque de distorsion de concurrence ?

B. MARIS : Ce qui est malsain, c'est que la course ne sera pas totalement homogène. Il y a déjà une sorte de dualité du marché du travail : les grandes entreprises un peu monopolistiques, avec des salariés couverts par des accords, bénéficiant de participations intéressantes et les entreprises plus petites, avec des conditions de travail plus dures, moins de recours aux heures supplémentaires et pas d'intéressement particulier. Cette dualité est très négative en termes d'efficacité économique et en termes de justice sociale.

B. Dard : Philippe, vous pensez aussi que les entreprises vont s'engouffrer dans cette brèche ?

Philippe Chalmin : D'abord, je ne partage pas l'inquiétude de Bernard. Ce n'est pas le temps de travail qui va devenir un critère de compétitivité, mais bien la capacité des employeurs et des salariés à négocier des accords, des compromis sociaux. Les entreprises où le dialogue social est vivant sauront tirer leur épingle du jeu. C'est donc un formidable défi.

Ensuite, la brèche dans les 35 heures est déjà largement ouverte. La question que je pose, c'est de savoir si cela a encore un sens de parler des 35 heures. On dirait presque que les 35 heures sont la dernière des grandes conquêtes sociales du XXe siècle : en 2000 – année d'Amélie Poulain –, les Français étaient heureux, la France faisait 4 % de croissance, Martine Aubry leur a offert les 35 heures, c'était merveilleux. Le problème, c'est que c'était une erreur économique majeure.

L'idée sympathique de travailler moins afin que d'autres puissent travailler plus, on sait que cela ne marche pas. Au contraire, on le voit bien avec la baisse du chômage, notre problème, c'est que nous ne travaillons pas assez longtemps, à la fois dans l'année et dans la vie.

B. Maris : Je suis d'accord avec toi sur le dernier point mais pas sur le premier. Les statistiques Eurostat, de l'OCDE, disent toutes que l'on travaille plus que la moyenne européenne dans l'année : 10 % de plus que les Allemands, 17 % de plus que les Hollandais, autant que les Britanniques[1]. En Allemagne et aux Pays-Bas, la durée du temps de travail est nettement inférieure. Ils passent par du temps partiel.

P. Chalmin : Le Français travaillait en 2006 en moyenne 1 564 heures, certes plus que le Teuton qui travaillait 1 436 heures, mais moins que l'Italien – 1 800 heures – et que l'Américain – 1 804 heures[2].

B. Maris : C'est vrai, mais il y a quand même beaucoup de pays européens qui sont derrière nous et nous nous trouvons dans la moyenne.

Dernier argument : la période durant laquelle la France a créé le plus d'emplois, c'était entre 1998 et 2001 : 1,8 million. Tiens, comme par hasard, en pleine application des 35 heures ! Certes, la croissance était au rendez-vous.

---

1. Tendance emploi, Bureau international du travail, septembre 2007.
2. *Idem.*

P. Chalmin : Le taux des personnes qui travaillent entre 25 et 60 ans est parmi les plus bas qui soient.

B. Dard : Bernard, vous dites que l'on aura un système à double vitesse, où les 35 heures seront davantage remises en cause dans les petites entreprises que dans les grandes. Concrètement, en quoi le projet de loi de Xavier Bertrand démantèle-t-il les 35 heures ?

B. Maris : Il permet aux petites entreprises qui n'avaient pas signé d'accord sur les 35 heures d'annualiser le temps de travail. Au lieu d'avoir une référence hebdomadaire de 35 heures, les salariés auront une référence annuelle de 1 607 heures. Avant cette loi, si un chef d'entreprise n'avait besoin de son salarié que 20 heures, il était quand même obligé de le payer 35 heures et la semaine suivante, s'il avait besoin de lui 45 heures, il devait lui payer les 10 heures supplémentaires.

Avec ce projet de loi, le chef d'entreprise pourra dire à son salarié de travailler 20 heures une semaine puis 45 heures la suivante, sans avoir à lui payer d'heures supplémentaires.

B. Dard : Mais cela semble contradictoire avec l'objectif du « travailler plus pour gagner plus » : en donnant la possibilité d'annualiser le temps de travail, le gouvernement ne se tire-t-il pas une balle dans le pied ?

B. Maris : Effectivement, l'annualisation du temps de travail rendue possible par les lois Aubry dans les grandes entreprises a limité considérablement les heures supplémentaires. C'est d'ailleurs en partie pour cela que les ouvriers, qui ont perdu énormément de pouvoir d'achat, n'ont pas voté Jospin en 2002. Le gouvernement, qui veut augmenter les heures supplémentaires d'un côté, aura de très mauvais résultats du fait de cette annualisation dans les petites entreprises.

P. Chalmin : Toute idéologie mise de côté, ne serait-il pas temps de faire une remise à plat générale ? Nous avons eu la loi Fillon en 2003, la loi Novelli en 2005, la loi TEPA en 2007, puis la loi sur le pouvoir d'achat en 2008. En voici une cinquième : c'est épuisant pour les entreprises et pour les salariés, qui ont besoin de visibilité. Ne faut-il pas cesser cette logorrhée législative et dire : « Oui, touchons au tabou » ? Les 35 heures ne sont plus un obstacle.

B. Maris : Mais elles ne l'ont jamais été ! Une grande partie des petites boîtes sont restées à 39 heures. La souplesse existe. Ces nouveaux coups de canif dans le droit du travail – voilà que je parle comme Thibault – n'étaient pas nécessaires : on est en pleine idéologie.

Mais, et c'est peut-être le fond du problème, la fin des 35 heures permet de faire baisser le coût du travail. Pourquoi ? Tout simplement parce que si l'employeur n'a plus à décompter les heures supplémentaires, donc plus à les payer en tant qu'heures supplémentaires, mécaniquement, le coût horaire moyen baissera.

P. C<small>HALMIN</small> : C'est vrai, l'annualisation du temps de travail est un sujet très important, qui mérite d'être discuté, et par les partenaires sociaux. Si ceux-ci ne se mettent pas d'accord, on entre dans le champ du politique. Mais il est temps de revenir au niveau de l'entreprise – c'est sur ce point que nous ne sommes pas d'accord.

Pourquoi vouloir à tout prix définir une référence légale du temps de travail valable pour tous les secteurs : qu'y a-t-il de commun entre un consultant en système d'information dans une agence de conseil et un ouvrier métallurgiste dans une aciérie ? Le premier fera largement plus de 39 heures par semaine, alors que pour le second, compte tenu de la pénibilité de son travail, 39 heures, ce sera évidemment beaucoup trop. Quid d'un coiffeur ou d'un serveur, qui ne seront productifs que pendant un temps ponctuel donné (heures d'attente des clients...) ? Pourquoi ne pas définir, comme chez la plupart de nos voisins, une durée du travail au niveau de l'entreprise, des métiers ou des branches ?

B. Dard : Mais pourquoi proposer encore plus de souplesse aux entreprises, alors qu'elles sont finalement très peu nombreuses à avoir négocié un dépassement du contingent d'heures supplémentaires, comme la loi du 4 mai 2004 le leur permettait et qu'un salarié sur cinq seulement, d'après la Dares[1], a effectué des heures supplémentaires ?

B. Maris : Le patronat et Laurence Parisot demandent cela depuis des lustres. Sauf que le Medef représente les gros bolides du CAC 40. Quid des 4 millions d'entreprises qui ont moins de 10 salariés et où règne le désert syndical ? La négociation risque de tourner au carnage, du moins à un face-à-face déséquilibré entre l'employeur et ses salariés.

P. Chalmin : C'est bien la raison pour laquelle il faut résoudre ce problème majeur de la scène syndicale française. Le jour où les syndicats auront une légitimité, il n'y aura plus de désert syndical. On pourra

---

1. Dares, service du ministère du Travail, septembre 2006, 21 % des salariés ont effectué en moyenne 116 heures supplémentaires dans l'année.

alors – ce dont je rêve parfois – se rapprocher du modèle allemand ou du modèle néerlandais, dans lesquels patronats et syndicats se mettent d'accord avant de demander l'intervention de l'Etat.

B. MARIS : Les résultats du baromètre annuel d'Ernst and Young font mon délice cette semaine : la France occupe le troisième rang mondial en termes de projets d'investissement étranger et la deuxième marche du podium européen pour le nombre de projets étrangers d'implantation. Elle attire des fonctions à haute valeur ajoutée comme les sièges sociaux et les centres de recherche. Chapeau bas, messieurs les déclinistes, croque-morts en tout genre ! Bien sûr, on trouve bien quelques rabat-joie ou pisse-froid patentés dans les pages du *Figaro* sur le ton « attention, ça ne va pas durer[1] ». Pourtant, cela dure, comme le montrent les données d'Ernst and Young sur les dix dernières années : la France concentre en moyenne chaque année 15 % des projets d'investissement.

On nous bassine avec la France au droit social ultraprotecteur, l'enfer des entrepreneurs ? Et toc !

---

[1]. « Quelle que soit la réponse, les décideurs internationaux continuent, depuis 2002, à exprimer une insatisfaction à l'égard du territoire. Le niveau des charges fiscales de l'entreprise, la flexibilité du droit du travail et les coûts salariaux sont, depuis plusieurs années, les trois handicaps persistants de la France, du point de vue des investisseurs étrangers. » *Le Figaro*, 5 mai 2008.

General Motors passe au vert

Benjamin DARD : Rentrons dans le vif du sujet : que pensez-vous du virage à 180 degrés de General Motors ? Le constructeur américain a annoncé sa nouvelle stratégie[1] : finis les modèles trop gourmands en carburant, place aux véhicules plus petits et plus économes, mais, surtout, vive les modèles hybrides, équipés d'un double moteur, électrique et à essence classique. Sur les 19 prochaines sorties, 18 seront des *cross over*, des voitures dotées d'une carrosserie de 4×4 mais montées sur des plateformes de berline. Avec, pour chaque modèle, une référence hybride. L'autre nouveauté, c'est la voiture carrément 100 % électrique, la Volt Chevrolet. Rick Wagoner[2] a annoncé fièrement que le modèle serait commercialisé dès 2010 – demain, en quelque sorte. Philippe, comment analysez-vous la volte-face stratégique de cette entreprise mythique ?

---

1. 3 juin 2008.
2. P-DG de General Motors.

Philippe Chalmin : La General Motors fête son centenaire. On ne connaît pas vraiment le nom de GM, mais tous, vous avez rêvé d'une Chevrolet, d'une Corvette, d'une Cadillac ou encore d'une Lincoln. C'est un ensemble et un conglomérat de marques qui a dominé le marché automobile américain depuis un siècle, qui a longtemps été la plus grosse entreprise américaine et qui le reste en nombre d'employés. Par contre, elle a été dépassée pour ce qui est du chiffre d'affaires et de la capitalisation boursière, notamment par les pétroliers. Elle ne vaut plus « que » 6 milliards de dollars.

B. Dard : C'est une entreprise qui ne va pas bien : 51 milliards de dollars de pertes sur trois ans, une valeur d'actions divisée par trois depuis 2000.

P. Chalmin : C'est un mastodonte qui n'a pas su évoluer, d'abord parce qu'il n'a pas voulu ou pu prendre le virage du pétrole cher, de la modification de l'*american way of life*. Les Américains ont été attaqués sur leur propre marché par les Japonais. Ces derniers construisent dans le sud des Etats-Unis, dans des entreprises qui ne sont pas syndiquées, alors que Detroit, la capitale de l'automobile, c'est le temple, le creuset du syndicalisme américain !

Bernard MARIS : Je suis tout à fait d'accord sur le fait que l'*american way of life* est à un tournant essentiel. Le modèle américain, c'est quand même la grosse bagnole, le tout-pétrole et les grandes distances – on parle même pendant l'été de ces « *summer migrations* ». Le monde américain est construit sur un pétrole qui coule à flots : les villes sont organisées autour de la voiture, on fait ses courses dans les *malls* et les transports collectifs sont inexistants.

Pour la première fois depuis le choc pétrolier de 1979, les Américains roulent moins[1] : les distances parcourues baissent, l'opérateur ferroviaire Amtrack se frotte les mains, la fréquentation de ses trains a bondi de 11 % en un mois...

Petite parenthèse quand même sur ce mythe de l'histoire industrielle américaine : la General Motors fait partie de ces entreprises qui ont été plombées dans les années 1980 par les contrats sociaux : elles ont abondé énormément pour les retraites de leurs ouvriers avec pour résultat une dette colossale. Voilà ce que c'est, le système privé de retraite : quand il n'y a pas de péréquation collective, ce sont les entreprises qui mettent au pot, avec tous les risques que l'on sait ! Quand je songe à tous ceux qui nous parlent de l'Etat endetté ! Il faut choisir : c'est soit l'Etat, soit les entreprises !

---

1. *Les Echos*, 26 juin 2008.

P. Chalmin : GM pâtit surtout de l'effondrement des ventes de 4×4. Ils sont passés de 160 000 véhicules par mois l'année dernière à 100 000 cette année. Il est clair que le gros 4×4, que l'on appelle le SUV, est la première grande victime de la crise pétrolière. C'est le réalisme économique : « *It's economics, you know.* » L'économie est finalement plus forte que l'*american way of life*, grosses voitures et consommation.

B. Dard : Bernard, cela marque-t-il le coup d'envoi pour les autres constructeurs ?

B. Maris : Il est certain qu'il va falloir changer de modèles. Renault semble faire deux paris contradictoires. Le groupe de Carlos Ghosn lance à contretemps son propre 4×4, le Koléos – ce n'est plus un pari industriel, c'est une faute industrielle ! Même la General Motors cherche un acheteur pour le Hummer, un modèle aussi laid qu'une automitrailleuse, l'archétype du 4×4 de luxe, dérivé du véhicule militaire « *humvee*[1] », très prisé des stars de Hollywood au début des années 2000. Hummer a vu ses ventes fondre de 60 % rien qu'au mois de mai... Et puis, à côté de cela, Renault Nissan vient de signer en Israël le lancement d'un véhicule 100 % électrique, un

---

1. *High mobility multipurpose wheeled vehicle.*

modèle qui pourrait rouler dès 2011 avec une autonomie de 100 kilomètres. C'est bien l'illustration du constructeur qui a encore un pied dans une ère industrielle révolue et la tête dans une ère qui peine à émerger.

B. Dard : Comment expliquer chez les constructeurs ce peu d'appétit pour le modèle électrique ?

B. Maris : D'abord la technologie du 100 % électrique n'était pas au point, tant s'en faut. Coût de la batterie, autonomie limitée à 80 kilomètres. Et puis il est difficile pour les constructeurs de faire leur révolution copernicienne ! Depuis plus d'un siècle, ils ne jurent que par le pétrole : tout leur savoir-faire, leur prospérité, leurs modèles reposent sur cette matière première et la technologie du moteur à explosion. Du coup, ce sont souvent des industriels venus d'autres horizons qui se sont lancés dans l'aventure. Bolloré et sa Blue Car, commercialisable dès la fin 2008. Ou même Dassault, qui travaille sur la batterie électrique et a sorti la Cleanova expérimentée par La Poste.

P. Chalmin : Rendons quand même à César ce qui est à César : les constructeurs français n'ont pas été en reste. Citroën a même été pionnier : souvenez-vous de Jacques Calvet, l'emblématique patron de PSA dans les années 1990. Il tablait sur 200 000 véhicules électriques en circulation autour de 2005 et 2010. On en est loin, il y en a à peine 15 000. Mais aujourd'hui, le consommateur est mûr : le prix du baril a doublé en un an, la technologie est plus sûre. Pour l'instant, nous n'avons pas le véhicule idéal qui pourra répondre à la fin du pétrole.

B. Dard : A vous écouter, nous sommes à l'aube d'une nouvelle phase d'innovation industrielle, et donc de croissance ?

P. Chalmin : Du Schumpeter[1] à livre ouvert mon cher ! Nous entrons dans une nouvelle phase économique, nous entrons dans l'économie de l'innovation, mais verte. Je suis frappé par le nombre de colloques consacrés aux technologies vertes, les « green technologies ».

B. Maris : Cela veut dire aussi que le modèle de la grande ville américaine, où l'on habite à 50 km du centre – quand il y en a un –, c'est fini. Cela signifie que tout ce qui a fait la croissance américaine il y a

---

1. Pour cet économiste autrichien du XXe siècle, l'innovation survient au moment de la crise d'un modèle, parce que la crise pousse justement en avant de nouvelles idées qui viennent remplacer ce qu'elles détruisent. C'est ce que Schumpeter résume par la formule « destruction créatrice ».

cinquante ans – le réseau de chemin de fer –, il faut le reprendre. Peut-être allons-nous vendre des TGV aux Etats-Unis ? Ce qui se passe chez GM de ce point de vue est tout à fait passionnant.

B. Dard : Cette transition a aussi des conséquences sociales : la fermeture programmée de quatre usines d'assemblage spécialisées dans les 4×4 et les pick-up va mettre 8 000 personnes sur le carreau. Les effectifs de GM sont déjà passés de 388 000 en 1999 à 266 000 en 2008, une saignée. Ce tournant industriel signe-t-il aussi un tournant social ? L'aventure de la voiture verte s'écrira-t-elle avec moins de main-d'œuvre ?

B. Maris : Et tout ça, dans un silence qui fait froid dans le dos. Le syndicalisme américain n'existe plus. C'est le genre de choses qui n'aurait pas pu se produire il y a vingt ans.

P. Chalmin : De toute façon, l'industrie automobile classique est destinée à perdre des emplois. Comment va se produire la transition vers l'industrie des voitures vertes ? Où seront-elles produites ? Nécessiteront-elles une main-d'œuvre abondante ? L'âge de l'automobile va-t-il se finir au XXIe siècle ?

B. Maris : On n'en est pas là, malheureusement ! Le FMI[1] prévoit qu'il y aura 2,9 milliards d'autos d'ici à 2050. Songez qu'en 1950, on en comptait 53 millions ! Sans surprise, ce sont les Chinois et les Indiens qui sont à l'origine de cette explosion, avec des progressions de 500 millions pour les premiers et de 330 millions pour les seconds !

Au moment où GM passe au vert, Tata lance sa Tata Nano, la voiture la moins chère du monde – 1 700 euros – que le groupe espère vendre à hauteur d'un million d'exemplaires chaque année ! Les pays émergents s'étaient attaqués aux chemises, aux ordinateurs, voilà qu'ils s'attaquent aux voitures.

Très bien, qu'ils gardent leur voiture et qu'ils se polluent tranquillement eux-mêmes, qu'ils aient des accidents, qu'ils diminuent leur espérance de vie avec cette casserole roulante : même Louis Schweitzer[2] – pourtant connaisseur en bas coût – a dit qu'il n'y ferait pas monter sa mère...

P. Chalmin : Le refrain de l'antidéveloppementaliste !

---

1. Fonds monétaire international, « Rising Car Ownership in Emerging Economies : Implication for Climat Change », avril 2008.
2. Ex-patron de Renault qui a lancé la Logan.

B. Maris : Mais c'est une catastrophe écologique pour l'humanité ! C'est la pollution à la portée de tous. Sans compter le *peak oil*[1]. On a l'impression d'un contresens de l'histoire : on développe en Europe l'auto-partage, l'Allemagne et la Suisse sont des pionniers avec leurs voitures en libre service[2], la France s'y met timidement Et de l'autre côté du monde, on développe la Nano. Quand je pense que c'est en observant une famille entière sur la même moto – un enfant à l'arrière, un à l'avant et la femme au milieu – que le patron Ratan Tata dit avoir eu l'idée de ce modèle en 2003... ça laisse songeur !

P. Chalmin : On est en pleine innovation : la première industrialisation du cercueil roulant !

B. Dard : Moquez-vous. En attendant, Tata va mettre la main sur deux fleurons de l'industrie britannique : Jaguar et Land Rover...

---

1. C'est le moment où la production de pétrole atteint son point maximal et commence à décliner.
2. *Les Echos*, 19 février 2008.

Pétrole : réguler ou laisser faire ?

Benjamin DARD : Chers snipers de l'éco : la flambée des cours du pétrole, suite. Le gouvernement tente de déminer la colère des professionnels – marins-pêcheurs, transporteurs routiers – touchés par cette hausse vertigineuse. Le chef de l'Etat a lancé une piste : il propose de redistribuer le surplus de TVA pétrolière – près de 169 millions d'euros au premier trimestre 2008 – aux Français qui en ont le plus besoin. Philippe, cela vous semble-t-il normal de distribuer cette manne inespérée en temps de disette budgétaire ?

Philippe CHALMIN : Cela ne vous rappelle pas quelque chose ? La cagnotte ! Chaque fois que quelque chose tombe du ciel en France, on se dit qu'on va le redistribuer. Soyons raisonnables, regardons la réalité, celle des déficits budgétaires : objectivement, nous n'avons aucune marge de manœuvre. Il faut accepter d'écouter le message que nous passe le marché du pétrole : attention, il est temps d'arrêter le délire que nous vivons, en termes de transports routiers, de dépendance vis-à-vis de ce fichu pétrole.

Il faut accepter que nous vivons un troisième choc pétrolier et que nos modes de consommation vont s'en trouver radicalement remis en cause. Je veux bien que l'on puisse consacrer cette somme aux ménages les plus en difficulté, mais je me méfie du saupoudrage. D'autant qu'il ne s'agit pas de 160 millions d'euros, mais de 80 millions d'euros de plus-values, car il faut tenir compte du fait qu'il y a une baisse de la consommation. Et donc moins de taxe sur les volumes.

Bernard MARIS : Effectivement, il ne faut être ni sourd ni aveugle aux signes du marché. Sur le moyen-long terme, il faut faire en sorte de changer nos modes de production, avec des technologies plus économes en énergie : ce sera bon pour l'économie et pour l'environnement. Il faut donc investir dès aujourd'hui dans les nouvelles technologies.

Mais le temps que cela donne des résultats, il faut que l'autorité politique permette aux Français de faire la transition. Un choc pétrolier, c'est une ponction du pouvoir d'achat. Un moment donné, les Français n'ont pas le choix, ils sont pris en otages. Une étude de l'Ademe[1] montre très bien que la part des

---

1. Agence pour le développement et la maîtrise de l'énergie, 3 avril 2008, « Le poids des dépenses énergétiques dans le budget des ménages en France », *Stratégies et études*.

dépenses en carburant dans le budget des ménages peut varier d'un facteur de un à quatre selon le lieu de résidence et le niveau de revenu. Ne raisonnons pas trop de façon abstraite : pour le quotidien de millions de gens, c'est un choc, et la transformation du mode de vie ne s'opère pas du jour au lendemain. La hausse des prix n'a pas le même sens pour quelqu'un qui vit en commune rurale, avec des revenus modestes que pour un ménage qui vit en ville, avec des moyens confortables.

Malgré le triplement du prix du pétrole, la consommation n'a d'ailleurs pas beaucoup bougé. Il y a donc une élasticité nulle entre le prix et la demande. Si le prix baisse, la consommation ne bougera pas non plus. Il faut redonner une partie de la cagnotte – et ce n'en est même pas une – accumulée grâce à l'envolée des prix.

P. CHALMIN : Tout cela est aussi à nuancer. D'après l'Institut français du pétrole[1], les carburants sont actuellement « plus abordables » pour un salarié payé au Smic qu'au moment des chocs pétroliers de 1973 et 1979 : une heure de Smic était nécessaire en 1974 pour acheter 3 litres d'essence, la même heure permet aujourd'hui d'obtenir 4,5 litres ! Bref, l'essence n'a jamais été aussi bon marché. Et c'est même un environnementaliste renommé qui le dit, Jean-Marc Jancovici[2].

---

1. 3 juillet 2008.
2. *Les Echos*, 23 mai 2008.

B. Dard : Nicolas Sarkozy a proposé le plafonnement de la TVA sur les produits pétroliers, qu'en pensez-vous ?

P. Chalmin : Je suis contre ; de toute façon, nous n'aurons pas de marge de manœuvre au niveau européen. On pourra toujours dire que nous, les gentils Français, nous avons essayé de le faire contre les méchants eurocrates. Il est facile de botter en touche.

B. Dard : Les taxes en France sont quand même parmi les plus élevées d'Europe.

B. Maris : Effectivement. Sur le sans-plomb, on est taxé à 64 %, sur le gazole à 56 %, TIPP[1] et TVA confondues. Mais faut-il rappeler que la TIPP est la quatrième recette de l'Etat – au bas mot 18 milliards d'euros en 2007 – et que la TVA représente 133 milliards d'euros ?
Ces deux taxes sont les tiroirs-caisses de notre Etat déficitaire. A la limite, ce n'est pas assez : la taxe anglaise est encore plus élevée, et en Norvège – pays pourtant producteur de pétrole –, on ne trouve pas de carburant à bon marché. Les Norvégiens ont compris qu'il serait suicidaire de proposer des prix déconnectés de la réalité et du marché.

---

1. *Taxe intérieure sur les produits pétroliers.*

Même chose pour la France : nous entrons dans une économie de la pénurie, tirons-en les conséquences. Il faut habituer les consommateurs à prendre en compte la cherté du pétrole. Vive le covoiturage ou les transports collectifs ! Il ne faut surtout pas toucher à ces taxes. D'ailleurs, ne vous y trompez pas : lorsque François Fillon parle d'une aide directe aux salariés [1] – sous la forme d'une exonération de charges aux entreprises –, il précise bien que ce dispositif doit encourager les transports en commun et qu'il ne constituera une aide au plein d'essence que lorsqu'il n'y aura pas d'autre solution.

P. Chalmin : Je suis entièrement d'accord avec notre nouveau converti au marché ! Que l'on généralise au plan national le dispositif francilien existant depuis 1982, qui oblige les employeurs à financer 50 % des abonnements de transport, pourquoi pas ? D'ailleurs, le gouvernement a choisi cette solution pour tous les fonctionnaires depuis janvier 2007. Mais il ne faut surtout pas que l'aide aille à tous les salariés, quel que soit leur mode de transport, même s'ils n'ont pas d'alternative à la voiture.

B. Dard : Pourquoi ?

---

1. France 2, 12 juin 2008, « A vous de juger ».

P. Chalmin : Parce que le marché pourrait se venger à terme, si on touche à la fiscalité. Une détaxation ou une compensation directe aurait un effet contre-productif sur les producteurs. Quel message retiendront-ils ? Plus je monte le prix, plus l'Etat intervient en baissant ses taxes, donc j'ai intérêt à monter mes prix.

Acceptons le message que nous envoie le marché : il est temps de payer le prix de la rareté, le prix de la saleté. Et surtout, il faut arrêter de subventionner la consommation. Cela équivaut à faire comme si de rien n'était et n'incite personne à changer ses habitudes. Enfin, reconnaissons que le pétrole est une ressource finie, en train de s'épuiser. Il est temps de préparer l'avenir de nos petits-enfants en profitant de l'incitation à la « sagesse » imposée par le marché.

Il n'est pire sourd que celui qui ne veut point entendre... Je serais cependant d'accord pour une allocation spéciale « hiver », pour les ménages locataires, qui subissent les hausses et ne peuvent pas profiter des mesures sur le logement ou sur l'habitat.

B. Dard : Transmis au gouvernement ! Nous nous accordons sur la conclusion, avec des fondements « idéologiques » différents : Philippe au nom du marché, Bernard au nom de l'environnement. Sauf que, sans intervention de l'Etat, les transporteurs routiers ou les marins-pêcheurs se disent condamnés.

B. Maris : Ce n'est pas comme si nous ne faisions rien pour ces secteurs : en 2007, les allègements sur la fiscalité pétrolière ont représenté près de 17 milliards d'euros de manque à gagner pour les caisses de l'Etat. Agriculteurs, pêcheurs, taxis, transporteurs routiers bénéficient d'un carburant détaxé, avec des réductions de TIPP.

Rappelez-vous à l'automne 2007 les propos de Christine Lagarde qui suggérait aux Français d'aller à vélo alors que le baril de pétrole atteignait 90 dollars. Elle ne croyait pas si bien dire : les Hexagonaux redécouvrent les vertus du deux-roues. Rien qu'en Europe, les ventes ont progressé de 15 % en cinq ans et aux Etats-Unis de 9 %. Cette industrie pèse près de 60 milliards de dollars ; le n° 1 mondial, le groupe Giant, fabrique à lui seul 5,5 millions d'unités chaque année. Seul hic : trois vélos sur quatre produits dans le monde sont fabriqués en Chine. Les Européens font plus dans le haut de gamme et comme ils sont confrontés à la hausse des matières premières – acier, aluminium et autres – ils la répercutent sur les prix de détail. Le vélo électrique, paraît-il, fait fureur en Chine : tout n'est pas perdu !

Table

A quoi sert l'euro ? A délocaliser.................... 9
Gaz : les tiraillements de l'Etat actionnaire......... 15
Sarko-VRP pour l'entreprise France en mal
    d'exportation.................................... 20
La crise des liquidités : les banques boivent,
    les ménages trinquent............................ 29
La croissance, un problème de thermomètre ? ... 35
La flex-sécurité au secours du marché du travail ? 40
Etats-Unis : la guerre de récession aura-t-elle lieu ?.. 46
Kerviel : le trader qui était amoureux
    de sa position.................................... 53
Rapport Attali : Attila pour la France rentière... 61
Il faut sauver la Générale !............................ 68
1929 dans toutes les têtes............................. 75
Politique industrielle : l'Etat doit-il « usiner » ?.. 87
Croissance française : ce n'est plus glorieux !..... 95

CAC 40 : ma grande entreprise ne connaît pas la crise.. 102
L'automobile carbure au *low-cost* 107
Homme-femme : pourquoi le travail n'a pas le même prix ?.. 114
Le déficit : peut-on échapper à la rigueur ?........ 119
Dacia : les limites de la délocalisation.................. 129
Crise alimentaire : le monde reste sur sa faim 136
Grands pollueurs : le dumping climatique........... 149
Représentativité : la révolution syndicale............. 155
Retraites : c'est quarante et un ans ou rien !....... 164
Or noir, heures noires... 171
Les fonds souverains : ni anges ni démons........... 179
Les banques alimentent-elles la faim ?.................. 185
Les 35 heures : le coup de grâce............................ 192
General Motors passe au vert................................. 201
Pétrole : réguler ou laisser faire ?.......................... 210

Economiques

sous la direction
de
Olivier Pastré

Déjà parus

Patrick Artus, *Les Incendiaires. Les Banques centrales dépassées par la globalisation.*
Le Cercle des économistes, *La guerre des capitalismes aura lieu.*
Le Cercle des économistes, *Politique économique de droite, politique économique de gauche.*
Le Cercle des économistes et Erik Orsenna, de l'Académie française, *Un monde de ressources rares.*
Le Cercle des économistes et Hubert Védrine, *5 + 5 = 32. Feuille de route pour une Union méditerranéenne.*
Christian Chavagneux, *Les Dernières Heures du libéralisme. Mort d'une idéologie.*
François Lenglet, *La crise des années 30 est devant nous.*
Jacques Mistral, *La Troisième Révolution américaine.*
Olivier Pastré, *La Méthode Colbert ou le patriotisme économique efficace.*
Olivier Pastré, Jean-Marc Sylvestre, *Le Roman vrai de la crise financière.*
Christian Saint-Etienne, *L'Etat efficace.*

*Cet ouvrage a été imprimé par
CPI Firmin Didot à Mesnil-sur-l'Estrée
pour le compte des Éditions Perrin
11, rue de Grenelle
Paris 7ᵉ
en septembre 2008*

Composition et mise en page

NORD COMPO
multimédia

Imprimé en France
Dépôt légal : septembre 2008
N° d'édition : 2435 – N° d'impression : 91804